Inge Holler-Zittlau

30 Spiele zur Sprachförderung

für Kindergarten und Grundschule

Persen
Persen Verlag

Gedruckt auf umweltbewusst gefertigtem, chlorfrei gebleichtem
und alterungsbeständigem Papier.

7. Auflage. 2011

Illustrationen: Alexandra Möller
Satz: Ludwig Auer GmbH, Donauwörth
Überarbeitung: MouseDesign Medien AG, Zeven
ISBN 978-3-8344-**3898**-0

www.persen.de

Inhaltsverzeichnis

1. Veränderte Lebenswelten – veränderte kindliche Entwicklungsbedingungen 4

2. Sprachverhalten von Kindern im Kindergarten, im Vorschulalter und in den Eingangsklassen der Schulen 5
2.1 Sprachverhalten in Spielsituationen 5
2.2 Folgen für das schulische Lernen 5
2.3 Der kindliche Spracherwerb – zum Verhältnis von Wahrnehmung, Kommunikation, Kognition und Sprache in der Sprachentwicklung 5

3. Sprachförderung durch sprachaufbauende Spielfolgen 7
3.1 Das Thema Tiere 7
3.2 Spielmotivation von Kindern 7
3.3 Zielsetzung 7
3.4 Entwicklungsorientierung der sprachaufbauenden Spielfolgen 7
3.5 Förderung sprachlich-kommunikativer Kompetenzen 8
3.6 Soziale Interaktion 8
3.7 Sprachliche Interaktion 8

4. Aufbau und Struktur der sprachaufbauenden Spielfolgen 9
4.1 Angesprochener Personenkreis 9
4.2 Spielmaterialien 9
4.3 Spielformen 9
4.4 Aufgabenstellungen 9
4.5 Aufbau der Spielfolgen 10
4.6 Variation und Differenzierung der Spiele 10

5. Literatur 11

6. Spielmaterialien 12
6.1 Lotto 12
6.2 Memory 13
6.3 Domino 15
6.4 Halbtier-Memory 16

7. 30 Spiele zur entwicklungsorientierten Kommunikations- und Sprachförderung 17

8. Spielvorlagen
8.1 Lottotafeln 49
8.2 Memorykarten 77
8.3 Dominokarten 93
8.4 Halbtier-Memorykarten 103

1. Veränderte Lebenswelten - veränderte kindliche Entwicklungsbedingungen

Ökonomischer und sozialer Wandel innerhalb der Familie und der Gesellschaft haben in den vergangenen Jahrzehnten zu Veränderungen kindlicher Lebenswelten und Entwicklungsbedingungen geführt (HEITMEYER 1994, HURRELMANN 1990, POSTMAN 1983). Die soziale und materiale Umwelt der modernen Medien- und Leistungsgesellschaft ist weitgehend an den Interessen und Bedürfnissen der Erwachsenen ausgerichtet. Einengung materieller Existenzen, Auflösung räumlicher und sozialer Sicherheit, Liberalisierung von Familienbeziehungen, Verschiebungen von Wertorientierungen, ein verändertes Freizeit- und Konsumverhalten, der Umgang mit Medien und neuen Technologien usw. haben auch Auswirkungen auf den Alltag und das Lernen von Kindern. Diese Veränderungen bergen Chancen aber auch Gefahren für die kindliche Entwicklung.

Der Tagesablauf von Kindern ist zum großen Teil an den Bedürfnissen und Notwendigkeiten der Eltern orientiert und ihr Leben und Lernen gehorcht, scheinbar gut geregelt, von ihnen kaum beeinflussbaren äußeren Bedingungen. Kinder sind nicht selten bloße Betrachter oder fremdbestimmte Teilnehmer einer Welt, die sie nicht verstehen, die an ihnen vorbeifliegt, ohne wirklich erfahren und mitgestaltet werden zu können.
Immer weniger Kinder haben einen unmittelbaren Zugang zur Natur. In den Städten gibt es kaum noch Plätze und Freiräume, in denen sie gefahrlos ihre Umwelt erfahren und erobern können. Es fehlen ihnen Spiel- und Gesprächspartner, mit denen sie gemeinsam ihre Welt erkunden und ihre Wahrnehmungen und Erfahrungen unmittelbar mitteilen und austauschen können. Bei der Verarbeitung und Bewältigung vielfältiger Eindrücke und Ereignisse sind sie häufig auf sich allein gestellt (HOLLER-ZITTLAU 1999).
So verbringen schon 2- bis 3-jährige Kinder eine beträchtliche Zeit alleine vor dem Fernseh- oder Videoapparat (GOORHUIS-BROUWER ET. AL. 1999) oder werden von einem Termin für Kindergarten, Schwimmkurs, Musikschule, Malkurs etc. zum anderen gedrängt. 10- bis 12-jährige Kinder verbringen mehr Zeit vor dem Fernseh- und Videogerät oder dem Computer als in der Schule. Soziale Vereinzelung und gesellschaftliche Desorientierung sind nicht selten die Folge (HEITMEYER 1994).

Kinder brauchen für ihre Entwicklung Möglichkeiten der Auseinandersetzung mit der Umwelt, selbstbestimmte Eigenaktivitäten, Interaktionen und kommunikativen Austausch mit den Menschen ihrer Umgebung. Nur so können sie ihre Umwelt erfahren und begreifen, wesentliche Fähigkeiten, Erkenntnisse und Kompetenzen für ihr späteres Leben erwerben, um ihren Platz in der Gesellschaft zu finden.
Aufgeschlossene und interessierte Eltern begleiten die Entwicklung ihrer Kinder. Sie versuchen, die Bedürfnisse ihrer Kinder zu erkennen, und sie unterstützen sie, wann immer es möglich ist, indem sie mit ihnen gemeinsam die kindliche Lebenswelt erkunden und mit ihnen über die Dinge sprechen, die das einzelne Kind interessieren und die es betreffen.

Ein Kind, das diese Möglichkeiten zum gemeinsamen Tun, zur verbalen Auseinandersetzung nicht hat, bleibt in seiner subjektiven Wahrnehmung und Erkenntnis verhaftet. Es wird verunsichert in seinen Gefühlen, seinem Können und Wissen und gewinnt schnell frustrierende Erfahrungen in dem Bemühen, sich anderen mitzuteilen. Für ein Kind, das wenig Interaktionspartner hat und vielen Situationen alleine ausgesetzt ist, gibt es keinen Anlass und keine Motivation, über seine Wahrnehmungen nachzudenken und Beobachtungen, Gefühle und Gedanken mitzuteilen. Es bleibt in seinem Lernen und seiner Entwicklung allein. Die sprachliche Entwicklung wird dabei eingeschränkt. (GRIMM 1994).

2. Sprachverhalten von Kindern im Kindergarten, im Vorschulalter und in den Eingangsklassen der Schulen

2.1 Sprachverhalten in Spielsituationen

Im Kindergarten, in der Vorschule sowie in den Eingangsklassen der Schulen ist zu beobachten, dass immer mehr Kinder über zunehmend weniger Handlungserfahrungen in Alltagssituationen verfügen. Ihr Sozial-, Lern- und Sprachverhalten ist häufig nicht altersentsprechend und situationsangemessen.

Im Vergleich zu den Kindern ihrer Altersgruppe fällt auf, dass sie während des Spiels relativ wenig sprechen, Spielhandlungen kaum kommentieren bzw. durch sprachliches Handeln organisieren oder weiterführen. Ihre Sprache ist telegrammstilartig. Kurze präverbale Ausrufe und Befehle wie: „ah – jaaa – boaah – nee – los! – Du!" oder Mitteilungen wie „Mach du! – gib das Auto – Pokemon spielen" kennzeichnen die sprachliche Situation.
Berichte über das, was die Kinder erlebt oder gesehen haben, sind häufig bruchstückhaft oder werden mit Schlagworten dargestellt. Die Kinder gestikulieren und spielen einzelne Szenen nach, die sie besonders beeindruckt haben. Zum Erzählen fehlen ihnen die passenden Worte.
Das Spiel dieser Kinder ist eher zufällig, wenig reflektiert, scheinbar ungeregelt und ziellos. Von den Kindern selbst aufgegriffene oder initiierte Spielsituationen werden nach kurzer Zeit abgebrochen und wieder aufgegeben. Die Kinder hantieren, ohne wirklich zu handeln, sie agieren ohne auf jemanden oder etwas zu reagieren, ohne sich wirklich mit der Sache oder der Situation auseinanderzusetzen. Sie lassen sich auch weniger auf angebotene Themen und Materialien ein. Sie scheinen unbeteiligt, unkonzentriert, zappeln herum, träumen und hören kaum zu.

Beobachtungen zeigen, dass Kinder mit reduziertem und nicht altersentsprechendem Sprachverhalten:

- wenig Gegenstands- und Handlungserfahrung haben und/oder diese oberflächlich, bruchstückhaft und undifferenziert wahrnehmen und erkennen und/oder
- in ihrem sozialen Umfeld weniger Interaktionspartner haben und unzureichende sprachliche Anregung finden.

Untersuchungen belegen, dass immer mehr Kinder im Alter von 4–6 Jahren über einen geringeren Wortschatz im Vergleich zur Altersgruppe verfügen und ihre Syntax eher einer Kleinkindsprache entspricht (Heinemann 1996, Kiese-Himmel 1997).
Selbst Kinder mit einem relativ breiten Erfahrungsschatz sind kaum in der Lage, Sachverhalte und Handlungsfolgen verbal darzustellen.

2.2 Folgen für das schulische Lernen

In der Schule und im Unterricht werden diese ungünstigen Entwicklungssituationen besonders deutlich.
Viele Kinder mit einem geringen Wortschatz und sprachlichen Entwicklungsverzögerungen zeigen z. B. wenig Sinnerwartung beim Lesenlernen. Wörter wie „Auto" werden z. B. lautrein A - U - T - O synthetisiert, so dass das akustische Korrelat des erlesenen Wortes „Auto" die Bedeutung des lautsprachlichen Wortes „Auto" nicht wieder erkennen lässt. Auch beim Erlesen einfacher Texte wird der Inhalt nicht erkannt. Bei dem Versuch, Sachverhalte und Handlungen nachzuerzählen und einfache Sätze und Texte frei zu formulieren oder zu schreiben, haben die Kinder Probleme, die Sätze grammatikalisch richtig zu bilden.
Verhältnisse und Relationen von Gegenständen und Personen, die in der Sprache u. a. durch Präpositionen und Konjunktionen ausgedrückt werden, und zeitliche Handlungsfolgen, ob z. B. ein Apfel **auf** dem Teller oder **in** der Schale liegt oder ob der Ball **zuerst** auf den Boden gefallen ist und es **danach** geklingelt hat, werden ungenau durch Allerweltswörter und Floskeln ausgedrückt.
Eine undeutliche Aussprache führt zudem zu Problemen in der phonematischen Differenzierung beim Schriftspracherwerb und in der Rechtschreibung.

2.3 Der kindliche Spracherwerb – zum Verhältnis von Wahrnehmung, Kommunikation, Kognition und Sprache in der Sprachentwicklung

In seinen allgemeinen Entwicklungslinien ist der Prozess der Sprachentwicklung und des Spracherwerbs hinsichtlich unterschiedlicher Voraussetzungen und Bedingungsfaktoren für den Verlauf des Spracherwerbs auf den unterschiedlichen Sprachebenen wie der phonetisch-phonologischen, semantisch-lexikalischen, morphologisch-syntaktischen und pragmatischen Sprachebene untersucht und dargestellt worden (Bruner 1987, Clahsen 1982, Dannenbauer 1994, Hacker 1997, Schöler et. al. 1997, Zollinger 1995).
Insbesondere Bruner und Zollinger haben in diesem Zusammenhang auf die besondere Bedeutung der Interaktion und verbalen Kommunikation für die Wahrnehmungs-, Kognitions- und Sprachentwicklung hingewiesen.

Schon von Geburt an erkundet das Kind seine Umwelt. Es greift mit den Händen nach Dingen, die es umgeben, befühlt, ertastet, hört, schaut, riecht, schmeckt.

Das Kind nimmt seine Umgebung mit allen Sinnen wahr.
Durch den spielerisch handelnden Umgang mit Gegenständen und Personen gelangt das Kind zu immer differenzierteren Wahrnehmungen, die es in seine zuvor erlangten Wahrnehmungen und Erkenntnisse integriert und kognitiv strukturiert. Piaget (1972) beschreibt diese Vorgänge als Prozesse der Assimilation und Akkommodation.
Nach und nach werden immer mehr Gegenstände, Personen und Handlungssituationen vom Kind wahrgenommen und erkannt. Durch Wiederholung und Vergleich lernt es, Unterschiede und Gemeinsamkeiten verschiedener Gegenstände und Handlungssituationen zu erkennen.
Bereits in der vorsprachlichen Interaktion des Kindes werden durch das gemeinsame Spielen und den Rollentausch beim Geben und Nehmen z. B. beim „Bitte-Danke-Spiel" erste „vorsprachliche Prototypen der Kasusgrammatik" (Bruner 1987) definiert: Wer ist der Handelnde, was ist die Handlung, wer oder was ist Objekt der Handlung und wie können diese vertauscht und ersetzt werden?
Sucht ein Kind etwa ab dem 7. Lebensmonat nach einem ihm bekannten Gegenstand, zeigt es damit, dass es eine Vorstellung und ein inneres Bild von dem Gegenstand erworben hat. Das Suchen ist intentional. Das Erkennen der Objektpermanenz und die damit einhergehende Symbolbildung ist eine entscheidende Voraussetzung für die Erfassung von Bedeutungen, semantischen Strukturen und für die Begriffsbildung.
Im Alltag benennen und kommentieren die Eltern und andere Bezugspersonen konkrete Gegenstände, Tätigkeiten und Handlungen des Kindes. Sie benennen die Dinge, die sie oder das Kind in die Hand nehmen und/oder gemeinsam im triangulären Blick anschauen und sie kommentieren und interpretieren in kurzen Sätzen ihre eigenen Tätigkeiten und die Handlungen des Kindes. Damit wird das Kind in seinen konkreten Aktivitäten unterstützt und verstärkt; es erhält gleichzeitig ein sprachliches Angebot und Vorbild, mit dem Dinge und Handlungen benannt und beschrieben werden können.
Das Kind greift in der direkten sprachlichen Interaktion nach und nach einzelne häufig vorkommende Sprachlaute, Lautverbindungen, Wörter und Satzfragmente auf, imitiert diese und setzt diese wiederum kommunikativ, d. h. intentional und zielgerichtet ein. Das Kind beginnt bereits, mit der intentionalen Produktion einzelner Laute sprachlich zu handeln und mit seiner Sprache etwas zu bewirken.
Eltern reagieren auf die sprachlichen Äußerungen des Kindes, indem sie der Intention des Kindes entsprechen. Bei Ablehnung oder Unverständnis wiederholen sie die Äußerung des Kindes. Sie fragen nach und erweitern, modifizieren oder korrigieren die kindliche Äußerung (Bruner 1987, Dannenbauer 1994, Hausendorff/Quasthoff 1996, Papoušek 1994).
Die Sprache der Eltern liefert und erweitert das Material (Lexik) und die Struktur (Syntax) zur sprachlichen Repräsentation und Symbolisierung von Gegenständen und Handlungen, indem sie auf einzelne wesentliche Merkmale des Gegenstandes, der Person oder der Handlungssituation hinweist. Sie unterstützt und bewirkt damit gleichzeitig eine Zentrierung und Strukturierung der Wahrnehmungen und Erkenntnisse des Kindes. Versteht das Kind die Hinweise, versucht es diese ebenfalls wahrzunehmen und in seine Erkenntnisse zu integrieren.
In gemeinsamen Spiel- und Handlungssituationen oder bei der Betrachtung von Abbildungen und Bilderbüchern erfährt das Kind auch, wie andere Personen diese Gegenstände und Situationen wahrnehmen. Durch den sprachlichen Austausch werden Beobachtungen und Erkenntnisse der beteiligten Personen miteinander verglichen und bewertet.
Das Kind erfährt dabei, dass seine Worte ähnliche Bedeutungen haben wie die des anderen. Es erkennt aber auch, dass der andere mit seinen Worten etwas Ergänzendes oder Neues zum Ausdruck bringt.
Durch die gemeinsamen Interaktionen und den aktiven kommunikativen Gebrauch der Sprache erwirbt das Kind für seine Sprachentwicklung notwendige Kompetenzen.

Das Kind ...

- ... differenziert seine auditive Wahrnehmung und Artikulation.
- ... erweitert seinen aktiven Wortschatz quantitativ und differenziert ihn qualitativ.
- ... imitiert neue Wörter und Sätze.
- ... differenziert seine Begriffsbildung.
- ... erkennt, erweitert und generiert Satzstrukturen.
- ... erkennt zunehmend morphologische und syntaktische Strukturen.
- ... erwirbt metasprachliches Regelwissen.
- ... lernt, seine Sprache intentional, erkenntnis- und handlungsleitend einzusetzen.
- ... trainiert und automatisiert seine sprachlich-kommunikative Handlungskompetenz.

3. Sprachförderung durch sprachaufbauende Spielfolgen

Kinder bringen in ihren spontanen sprachlichen Äußerungen und durch ihre Stimmgebung ihr Wissen, ihre Emotionen und Empfindungen zum Ausdruck. Ihre Sprache spiegelt den je subjektiven und individuellen Wahrnehmungs- und Erkenntnisstand hinsichtlich ihrer Umwelt, bestimmter Gegenstände, Inhalte und Personen sowie sachlichen und sozialen Handlungssituationen wider. Sie zeigen durch Wortwahl und Satzbildung, welche Inhalte und Zusammenhänge sie in ihrer Welt wahrgenommen und erkannt haben (QUASTHOFF 2000).
Kinder mit eingeschränkten sprachlich-kommunikativen Fähigkeiten und Entwicklungsverzögerungen brauchen eine gezielte Unterstützung und Förderung ihrer Sprachentwicklung, die

- den kindlichen Entwicklungsstand berücksichtigt,
- sich am Verlauf des frühen kindlichen Spracherwerbs orientiert,
- den Interessen und sozialen Kompetenzen des Kindes entspricht und
- in dialogischen Handlungssituationen sprachliches Handeln provoziert und ermöglicht.

Kindergarten, Vorschule und Schule bieten gute Chancen, den genannten ungünstigen Entwicklungssituationen und -bedingungen entgegenzuwirken und den Kindern durch vielfältige inhaltliche und methodische Angebote eine Erweiterung und Entwicklung sprachlicher Kompetenzen zu ermöglichen.

3.1 Das Thema Tiere

Kinder interessieren sich für Tiere. Die meisten haben schon einmal ein Erlebnis mit einem Tier gehabt. Viele Kinder haben ein eigenes Haustier, manche bringen sie mit in den Kindergarten oder die Schule. Ein Besuch im Zoo oder auf dem Bauernhof wird unternommen. Diese konkreten Erlebenssituationen und Erfahrungen haben eine besondere emotionale Qualität.
Mit Spielzeugtieren wird gespielt, Bilderbücher werden angeschaut und vorgelesen. Tiere werden gemalt und gestaltet. Alle diese Tätigkeiten ermöglichen es dem Kind, in verschiedenen Situationen und zu unterschiedlichen Zeiten Tiere kennen zu lernen und sich spielerisch mit ihnen auseinanderzusetzen. Diese Spiel- und Handlungserfahrungen vertiefen und differenzieren seine Wahrnehmungen und Erkenntnisse.

3.2 Spielmotivation von Kindern

Kinder finden sich aus unterschiedlichen Motiven zum Spielen zusammen.

- Die meisten Kinder spielen aus der Freude am gemeinsamen Tun miteinander.
- Andere Kinder spielen bestimmte Spiele, weil ihnen das Thema oder die Aktionsformen des Spiels besonders zusagen und sie die im Spiel geforderten Aufgabenstellungen erfolgreich bewältigen können.
- Manche Kinder spielen auch, weil ihnen das Material besonders gefällt.
- Wiederum andere Kinder entscheiden sich für ein bestimmtes Spiel, weil sie dadurch mit einem bestimmten Mitspieler oder Freund etwas gemeinsam tun können oder
- weil sie erkannt haben, dass sie im Spiel ihre Fähigkeiten und Kenntnisse besonders entfalten und darstellen können.

Die sprachaufbauenden Spielfolgen entsprechen diesen unterschiedlichen Spielbedürfnissen von Kindern. Sie ermöglichen gemeinsames spielerisches Handeln an einem Thema, das alle Kinder interessiert und zu dem alle etwas beitragen können.

3.3 Zielsetzung

Ziel der sprachaufbauenden Spielfolgen ist es, dem Kind zu ermöglichen, in interaktiven und kommunikativen Spielformen durch unterschiedliche Aufgabenstellungen und Handlungsmöglichkeiten Tiere differenzierter und umfassender wahrzunehmen und durch das gemeinsame Spiel ihre sprachlich-kommunikativen Kompetenzen, den Wortschatz und die Satzbildung zu differenzieren, zu erweitern und zu erproben.

3.4 Entwicklungsorientierung der sprachaufbauenden Spielfolgen

Die Spiele entsprechen der kindlichen Sozial-, Spiel- und Kognitionsentwicklung. Im Aufbau und in den sprachlichen Anforderungen folgen sie dem Verlauf der kindlichen Sprachentwicklung und den Etappen des Spracherwerbs auf den unterschiedlichen Sprachebenen. Durch die strukturierten Aufgabenstellungen und die Möglichkeit der spielerischen Auseinandersetzung mit dem Thema Tiere auf unterschiedlichen Wahrnehmungs- und Handlungsebenen wird der Wortschatz, die Begriffsbildung und die Satzbildung sukzessive erweitert und qualitativ differenziert.
Die aufbauenden Spiele entsprechen mit ihren Materialien, Aufgabenstellungen, Interaktions- und Kommunikationsmöglichkeiten den Anforderungen an eine ganzheitlich ausgerichtete Lern- und Fördersituation.
Die Abbildungen selbst sind Abstraktionen und Verallgemeinerungen konkreter Tiere und lassen einen unmittelbaren Bezug zu bekannten Tieren zu. Sie ermög-

lichen durch die Permanenz der bildlichen Darstellung eine genaue Betrachtung und Wahrnehmung sichtbarer Eigenschaften. Die abgebildeten Tiere können in ihren Einzelheiten wahrgenommen, verglichen, kognitiv verarbeitet und sprachlich dargestellt werden. Die Abbildungen dienen einer aufgabenbezogenen Orientierung.

3.5 Förderung sprachlich-kommunikativer Kompetenzen

In allen Spielen wird Sprache als Mittel zur Kommunikation und als notwendiger Teil einer Gesamtspielhandlung eingesetzt und erfahren. Es wird deutlich, dass durch Sprache eine Handlung begleitet, nachvollzogen, antizipiert und geleitet werden kann; d. h. Sprechen selbst wird systematisch und sukzessive als emotionales, intentionales, inhaltliches und wirkungsvolles Handeln erfahren und erkannt.
Die differenzierenden und variierenden Betrachtungsweisen des Spielgegenstandes Tiere bewirken in der Interaktion mit den Spielpartnern notwendig den Gebrauch und die systematische Erweiterung sprachlicher Kompetenzen.
Durch das Hören der sprachlichen Äußerungen der Spielpartner werden die Sprachperzeption und das Sprachverständnis erweitert. Durch die eigenen sprachlichen Äußerungen werden vorhandene sprachliche Fertigkeiten gefestigt und durch die wiederholte Formulierung routiniert und automatisiert.
Die Äußerungen der Spielpartner werden beurteilt, gegebenenfalls modelliert und in das eigene sprachliche Repertoire übernommen, um sie bei nächster Gelegenheit innerhalb und außerhalb des Spiels wieder anzuwenden.
Die zunehmende Differenzierung der Wahrnehmung und der Kenntnisse von Tieren wie auch deren sprachlicher Benennungen und Formulierungen ermöglichen in der Kommunikation eine Übernahme sprachlicher Regeln und Begriffe in Form von Nomen, Adjektiven, Verben, Präpositionen etc. und eine Differenzierung morphologischer Strukturen wie z. B. Subjekt-Verb-Kongruenz, Kasusmarkierung, Tempusgebrauch.
Entscheidend ist, dass in den sprachaufbauenden Spielfolgen nicht bestimmte Begriffe und Satzmuster abgefragt oder sinnlos reproduziert werden, sondern dass Fragestellungen so entwickelt und bearbeitet werden, dass unterschiedliche Wahrnehmungen, Erfahrungen und Kenntnisse der Kinder angesprochen und verbalisiert werden.
Eine Erweiterung rezeptiver und perzeptiver sprachlich kommunikativer Kompetenzen wird damit provoziert, ermöglicht und gesichert.
Für den Hörer und Mitspieler erfordert die sprachliche Darstellung des Interaktionspartners eine vergleichende Auseinandersetzung mit den verbalisierten Inhalten sowie mit den sprachlichen Darstellungsformen. In der wechselseitigen Interaktion und Kommunikation kommt es dabei zu einem Erfahrungs- und Symbolaustausch. Ist eine sprachliche Formulierung für eine Wahrnehmung oder Erkenntnis zutreffend? Ist die sprachliche Form angemessen?

3.6 Soziale Interaktion

Die in den einzelnen Spielen angeregten und geforderten Interaktionen und sprachlichen Handlungen haben unmittelbare Auswirkungen auf die Wahrnehmung des Spielpartners und des Spielgegenstandes. Die Mitspieler müssen sich interaktiv und kommunikativ aufeinander beziehen. Auf der Ebene sozialer Interaktion sind Spielregeln und Handlungsweisen auszuhandeln und zu vereinbaren. Die Mitspieler organisieren, regulieren und kontrollieren damit den sozialen und formalen Spielverlauf.

3.7 Sprachliche Interaktion

Auf der themenbezogenen inhaltlichen Ebene haben die jeweiligen Aufgabenstellungen unterschiedliche Anforderungen. Die Handlungen und sprachlichen Äußerungen haben für den Spielverlauf entscheidende Bedeutung, da sie von den MitspielerInnen verstanden und beurteilt werden müssen.
Ein Beispiel: Ein Spieler oder eine Spielerin soll die Fortbewegung eines Frosches imitieren und benennen.

Er/Sie hüpft und sagt „Der Frosch hüpft." Die MitspielerInnen beurteilen,

a) ob die Bewegung dem auf der Abbildung dargestellten Tier richtig zugeordnet,
b) ob sie entsprechend ausgeführt,
c) ob sie durch den entsprechende Begriff richtig sprachlich repräsentiert und
d) ob der Satz morphologisch und syntaktisch richtig gebildet wurde.

Durch diese Doppelaufgabe der Spieler werden sowohl die sozial-kommunikativen als auch die gegenstandsbezogenen und sprachlichen Kompetenzen angesprochen und erweitert.

4. Aufbau und Struktur der sprachaufbauenden Spielfolgen

Aus der Berücksichtigung der Komplexität des Spielthemas, der Erkenntnisse zur Kommunikationsentwicklung und zum hierarchischen Aufbau des Spracherwerbs ergibt sich eine aufbauende Spielfolge mit sukzessiver und systematischer Erweiterung und Steigerung der inhaltlichen und sprachlichen Anforderungen in den Dimensionen Komplexität und Niveau.

- Die sprachaufbauenden Spielfolgen entsprechen dem Verlauf einer ungestörten Kommunikations- und Sprachentwicklung.
- In ihren pragmatischen, kommunikativen, semantisch-lexikalischen und morphologisch-syntaktischen Anforderungen sind sie hierarchisch aufgebaut.
- Die Spiele haben den Charakter von Sprachspielen, d. h. kreativer Umgang mit Sprache ist erwünscht. Durch Transformationen und Generierung bestimmter Satzstrukturen kommt es zu neuen auch witzigen und/oder unsinnigen inhaltlichen Aussagen und Wortneuschöpfungen bei richtiger Syntaxstruktur. Dieses ist beabsichtigt, um Sprache als emotionales, kreatives Medium zu erfahren, mit dem auch gespielt werden kann.
- Die sprachaufbauenden Spiele ermöglichen, sich mit den Thema Tiere fokussiert auseinanderzusetzen, d. h. Tiere wieder zu erkennen, sich an Erfahrungen mit ihnen zu erinnern, Kenntnisse über sie zu assoziieren und neue Wahrnehmungen und Erkenntnisse hinzuzugewinnen.
- Die ersten Spiele ermöglichen eine begriffliche Erarbeitung des Themas mit Hilfe des Bildmaterials.
- Bei späteren Spielformen kann sich das Kind an seine Kenntnisse über bestimmte Tiere erinnern und diese einbringen oder die Ideen seiner Mitspieler aufgreifen und so zu einer Erweiterung seines Wissens und seiner sprachlichen Darstellungsmöglichkeiten gelangen.
- Alle Spiel- und Handlungssituationen beziehen die in den vorangegangenen Spielen gewonnenen Wahrnehmungen und erworbenen Kenntnisse mit ein. Entscheidend dabei ist, dass das Kind an *einem* Thema immer weiter voranschreitende Erkenntnisse inhaltlicher und sprachlicher Art gewinnen kann.
- In ihrer Thematik und strukturierten Aufgabenstellung ermöglichen die Spielfolgen den Kindern, in nachfolgenden Spielen auf bereits gewonnene Wahrnehmungen, Kenntnisse und Erfahrungen zurückzugreifen und diese in ihre Erkenntnis- und Spieltätigkeit zu integrieren.
- Die aufbauenden Fragestellungen provozieren sprachliche Repräsentationen vom einzelnen Wort bis hin zu komplexen Syntaxstrukturen. Sprachbeispiele können bei entsprechender Wahrnehmung und Erkenntnis aufgegriffen und in das individuelle sprachliche Inventar integriert werden. Die in den Spielanleitungen formulierten Sprachbeispiele und Satzstrukturen einzelner Spiele dienen der sprachlichen Orientierung.
- Die Aufgabenstellungen sind so formuliert, dass jedem Kind ein Einstieg in das Spiel ermöglicht wird.

4.1 Angesprochener Personenkreis

- Kinder von 3 bis 10 Jahren,
- Kinder mit verzögertem Spracherwerb.

4.2 Spielmaterialien

Die sprachaufbauenden Spiele umfassen:

- 7 Lottotafeln mit je 9 Abbildungen und 63 Bildkarten,
- 2 mal 24 Memorykarten mit Abbildungen von verschiedenen, gut unterscheidbaren Tieren,
- 2 mal 24 Memorykarten mit Abbildungen von gleichartigen Tieren mit geringen Unterscheidungsmerkmalen,
- 36 Dominokarten,
- 48 Karten mit Halbtier-Abbildungen.

4.3 Spielformen

Alle sprachaufbauenden Spiele sind Kommunikations- und Interaktionsspiele. Sie benötigen mindestens zwei Mitspieler als Interaktionspartner, die ihre Interessen am gemeinsamen Spiel realisieren können.

Die Interaktions- und Spielformen sind an bekannte Spielformen wie Lotto, Domino und Memory angelehnt. Die Kinder, die diese Spiele und ihre Regeln kennen, können diese unmittelbar auf die Aufgabenstellungen beziehen und sofort mit dem Spiel beginnen.

Durch die Begleitung von Eltern, Lehrer oder Therapeut kann eine Vielzahl von Spielvarianten mit dem Material eingeführt und realisiert werden.

4.4 Aufgabenstellungen

Unterschiedliche Aufgaben und Fragestellungen, Abbildungen und Bildfolgen provozieren bestimmte Formen sprachlicher Äußerungen und regen die Fantasie und Kreativität der Spieler an. Begriffliche Differenzierungen, Satzerweiterungen, aber auch Wortneuschöpfungen, Unsinnssätze oder Witzgeschichten werden möglich.

- Gemeinsamkeiten und Unterschiede sollen erkannt und thematisiert werden. „Der Hase und der Vogel sind Tiere. Der Hase hat ein braunes Fell. Der Vogel hat kein Fell. Er hat gelbe Federn."

- Funktionale Aspekte sollen betrachtet werden: „Wozu braucht eine Katze Krallen?" „…, damit sie beim Klettern nicht abrutscht."
- Handlungen sollen pantomimisch oder szenisch dargestellt, sprachlich begleitet oder sprachlich geleitet und antizipiert werden: „Der Hund läuft hinter dem Hasen her." „Der Vogel fliegt auf den Baum."
- Angeregt durch die Bildkarten soll über eigene Erfahrungen berichtet oder Geschichten erzählt werden. „In der vergangenen Woche …"
- Richtig oder falsch? „Die Maus rennt. Die Maus fliegt." „Das Krokodil schwimmt im Fluss. Das Krokodil schwimmt im Berg." „Die Maus fliegt auf der Autobahn. …"

4.5 Aufbau der Spielfolgen

Spiel	**Zielsetzung**
1, 2, 3, 5	➤ Erweiterung der Wahrnehmung durch genaue Betrachtung ➤ Vergleich der Bildvorlagen
4, 6	➤ Begriffsbildung
5, 7, 8	➤ Begriffsbildung, Satzbildung ➤ Versprachlichung von optisch Wahrgenommenem und Erkanntem. ➤ Einbeziehung gegenstandsbezogener Erfahrungen und Kenntnisse der Kinder. ➤ Verbalisierung und sprachliche Konstruktion von nicht unmittelbar sichtbaren Merkmalen und Eigenschaften der abgebildeten Tiere.
9, 13	➤ Satzbildung, Satzerweiterung ➤ Die Bildkarten bilden erweiterte Sprachanlässe.
10, 11, 12, 20	➤ Aufforderungssätze, Fragesätze
14, 15, 18, 19	➤ Haupt- und Nebensatz
16, 17, 24	➤ Satzreihen ➤ freies Erzählen ➤ Satzreihen und kleine Geschichten bieten eine gute Vorbereitung zum Geschichtenerzählen und zur schriftlichen Textproduktion.
20, 21, 22, 23	➤ Sprachspiel, kreativer Umgang mit Sprache
25, 26, 27, 28, 29, 30	➤ Geschichten erzählen

4.6 Variation und Differenzierung der Spiele

Das in den Spielen angegebene Material und die Anzahl der Spieler bezieht sich auf ein mittleres Entwicklungsniveau 3- bis 10-jähriger Kinder.
Für Kinder mit sprachlichen Entwicklungsverzögerungen ist es hilfreich, das Material und die Anzahl der Mitspieler zu variieren.

Folgende Variationen bieten sich an:

- Reduzierung bzw. Erweiterung des Spielmaterials,
- Reduzierung bzw. Erweiterung der Anzahl der Mitspieler,
- Eingrenzung bzw. Erweiterung der spielbezogenen Aufgabenstellungen,
- Begrenzung bzw. Erweiterung der kommunikativen sprachlichen Anforderungen.
- Alle Spiele ermöglichen sowohl einen regelhaften als auch einen modifizierten, kreativen Umgang mit den Spielformen und sprachlichen Aufgabenstellungen.
- Ein wiederholtes Spielen gleicher Spielformen erhöht die Sicherheit der Wahrnehmung der Kinder und erweitert die Möglichkeit der Integration neuer Erkenntnisse in den vorhandenen Erfahrungs- und Kenntnishorizont. Es festigt und erweitert vorhandene sprachliche Kompetenzen.
- Das Spielen gleicher Spiele mit unterschiedlichen Spielpartnern ermöglicht eine Erweiterung sozialer Erfahrungen und sprachlicher Handlungskompetenzen.
- Eine kreative Weiterentwicklung durch die Formulierung differenzierender Aufgabenstellungen erhöht die Komplexität und das Niveau der Wahrnehmungs- und Sprachtätigkeit.

Alle Spiele können in ihrer Aufgabenstellung und bezüglich ihrer sprachlichen Anforderungen auch mit konkreten Tierfiguren auf einem konkreten Handlungsniveau gespielt werden.

5. Literatur

Bruner, J. (1987): *Wie das Kind sprechen lernt.* Bern: Verlag Hans Huber.

Clahsen, H. (1982): Spracherwerb in der Kindheit. Eine Untersuchung zur Entwicklung der Syntax bei Kleinkindern. In: *Tübinger Beiträge zur Linguistik: Ser. A., Language development; 4.* Tübingen: Narr Verlag.

Dannenbauer, F. M. (1994): Zur Praxis der entwicklungsproximalen Intervention. In: Grimm, H.; Weinert, S. (Hrsg.): *Interventionen bei sprachgestörten Kindern – Voraussetzungen, Möglichkeiten, Grenzen.* Stuttgart: Gustav Fischer Verlag.

Goorhuis-Brouwer, S. M., Coster, F. M. & Nakken, H. (1999): Pädagogische Aspekte von Sprachentwicklungsstörungen. In: *Sprache, Stimme, Gehör,* 23 (S. 149–154). Stuttgart, New York: Thieme.

Grimm, H. (1994): Entwicklungskritische Dialogmerkmale in Mutter-Kind-Dyaden mit sprachgestörten und sprachauffälligen Kindern. In: *Zeitschrift für Entwicklungspsychologie,* 26/1 (S. 35–52).

Hacker, D. (1997): Phonologie. In: Baumgartner, S., Füssenich, I. (Hrsg.): *Sprachtherapie mit Kindern.* München, Basel: Ernst Reinhard-Verlag.

Hausendorff, H., Quasthoff, U. M. (1996): *Sprachentwicklung und Interaktion: Eine linguistische Studie zum Erwerb von Diskursfähigkeiten bei Kindern.* Opladen: Westdeutscher Verlag.

Heinemann, M. (1996): Zunahme von Sprachentwicklungsstörungen – ein aktuelles Problem (Ursachen und Konsequenzen). In: *Interdisziplinäre Zusammenarbeit: Illusion oder Vision?* XXII. Arbeits- und Fortbildungstagung *Hg. dgs* (S. 53–61). Hamm: Wilke.

Heitmeyer, W. (1994): Freigesetzte Gewalt. Gewalt als Bearbeitungsform einer neuen Unübersichtlichkeit. *Pädagogik, 46/6* (S. 35–40).

Holler-Zittlau, I. (1999): Sprach- und Lernförderung im gesellschaftlichen und schulischen Kontext – Grundlagen sprachheilpädagogischer Förderung. In: H. Probst (Hrsg.): *Mit Behinderung muss gerechnet werden* (S. 184–215). Oberbiel: Jarick-Verlag.

Hurrelmann, K. (1990): *Familienstress – Schulstress – Freizeitstress.* Weinheim, Basel: Beltz Verlag.

Kiese-Himmel, C. (1997): Sprachentwicklungsgestörte Kinder im Vorschulalter: Knapp vier Jahre später. In: *Zeitschrift: Kinder- und Jugendpsychiatrie,* 25 (S. 73–81).

Papousèk, M. (1994): *Vom ersten Laut zum ersten Wort.* Bern: Verlag Hans Huber.

Piaget, J. (1972): *Sprechen und Denken des Kindes.* Düsseldorf: Schwann-Verlag.

Postman, N. (1983): *Das Verschwinden der Kindheit.* Frankfurt a. M.: Fischer Verlag.

Quasthoff, U. M. (2000): Wie werden mündliche Kommunikationsfähigkeiten erworben? In: *Grundschule,* 32/12 (S. 38–41). Braunschweig: Westermann Verlag.

Schöler, H., Dalbert, C. & Schäle, H. (1997): Neuere Forschungsergebnisse zum kindlichen Dysgrammatismus. In: M. Grohnfeldt (Hrsg.): *Handbuch der Sprachtherapie IV* (4, S. 54–73): Berlin: Edition Marhold.

Zollinger, B. (1995): Die Entdeckung der Sprache. In: Haeberlin, U. (Hrsg.): *Beiträge zur Heil- und Sonderpädagogik* (Bd. 16). Stuttgart: Haupt Verlag.

6. Spielmaterialien

6.1 Lotto

Lottotafel 1: Kleine Tiere

Lottotafel 2: Tiere von hier und anderswo

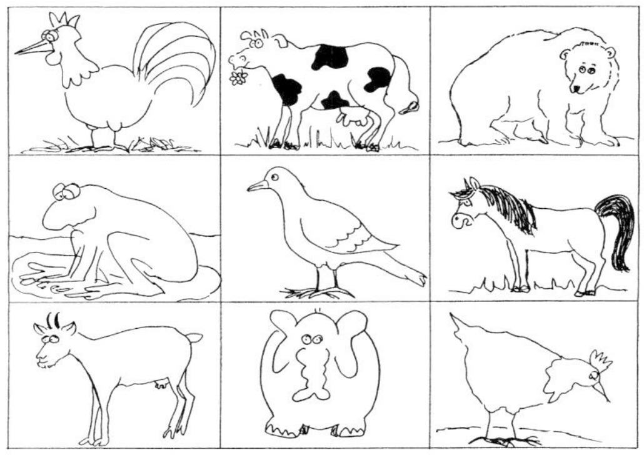

Lottotafel 3: Vögel und Säugetiere

Lottotafel 4: Tiere aus fremden Ländern

Lottotafel 5: Tiere und Tiernahrung

Lottotafel 6: Tiere in Aktion

Lottotafel 7: Tiere, die bei uns leben

6.2 Memory

Memorykarten 1
Tiere unterschiedlicher Gattungen; Tiere, die sich deutlich voneinander unterscheiden

Memorykarten 1 (a)

1. Elefant

2. Eichhörnchen

3. Fliege

4. Hamster

5. Huhn

6. Igel

7. Pferd

8. Reh

9. Taube

10. Schnecke

11. Schwan

12. Schwein

Memorykarten 1 (b)

13. Frosch

14. Gorilla

15. Hahn

16. Katze

17. Krokodil

18. Löwe

19. Schildkröte

20. Schlange

21. Schmetterling

22. Seehund

23. Storch

24. Zebra

Memorykarten 2
Tiere gleicher Gattungen mit unterschiedlichen Merkmalen

Memorykarten 2 (a)

1. Bär stehend

2. Raubfisch schwimmend

3. Hase hockend

4. Kuh stehend

5. Löwe sitzend

6. Maus sitzend

7. Bär sitzend

8. Scholle blubbernd

9. Hase springend

10. Kuh liegend

11. Löwe stehend

12. Maus fressend

Memorykarten 2 (b)

13. Hund fressend

14. Dromedar stehend

15. Küken schlüpfend

16. Wildschwein stehend

17. Vogel stehend

18. Pferd wiehernd

19. Wolf heulend

20. Kamel stehend

21. Küken schlüpfend

22. Schwein stehend

23. Vogel fliegend

24. Zebra stehend

6.3 Domino – Abbildungen auf den Dominokarten

1. Schwan – Fliege

2. Fliege – Schaf
3. Schaf – Hase

4. Hase – Kamel
5. Kamel – Seehund

6. Seehund – Känguru
7. Känguru – Vogel

8. Vogel – Hirsch
9. Hirsch – Esel

10. Esel – Schafe
11. Schafe – Küken mit Eischale

12. Küken mit Eischale – Indischer Elefant
13. Indischer Elefant – Boxer

14. Boxer – Eichhörnchen
15. Eichhörnchen – Schmetterling

16. Schmetterling – Löwe
17. Löwe – Schimmel

18. Schimmel – Kuh
19. Kuh – Zebra

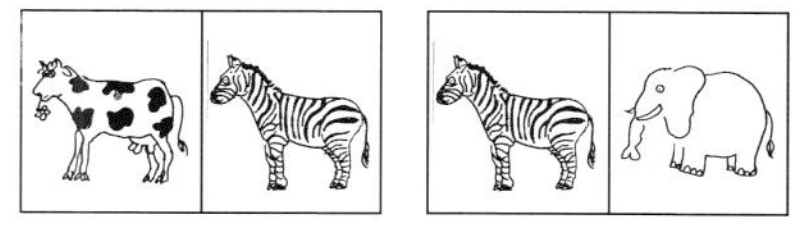

20. Zebra – Afrikanischer Elefant
21. Afrikanischer Elefant – Schildkröte

22. Schildkröte – Giraffe
23. Giraffe – Maus

24. Maus – Pudel
25. Pudel – Huhn

26. Huhn – Frosch
27. Frosch – Fisch

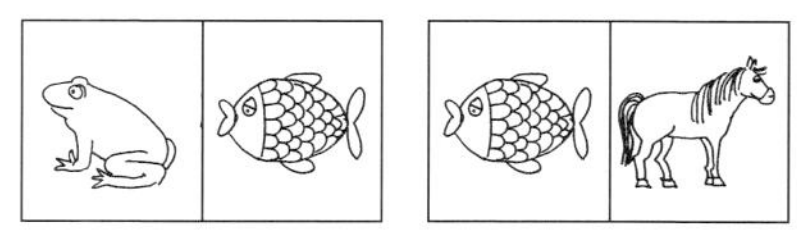

28. Fisch – Pferd
29. Pferd – Fuchs

30. Fuchs – Taube
31. Taube – Schlange

32. Schlange – Schwein
33. Schwein – Bär

34. Bär – Hahn
35. Hahn – Ente

36. Ente – Schwan

6.4 Halbtier-Memory – Abbildungen auf den Halbtier-Memorykarten

1. Elefant

2. Fisch

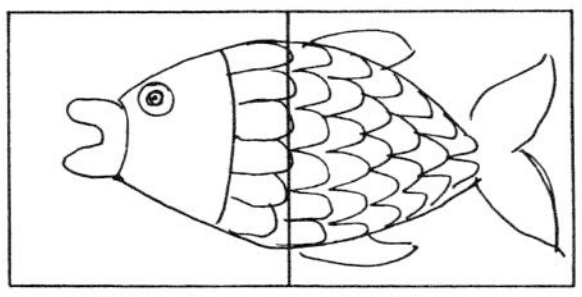

3. Schildkröte

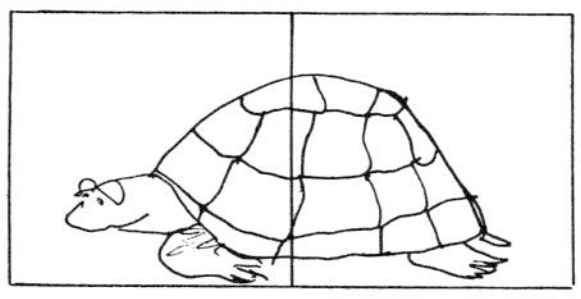

4. Igel

5. Schnecke

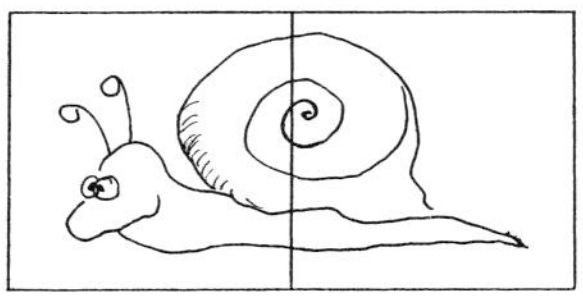

6. Schwein

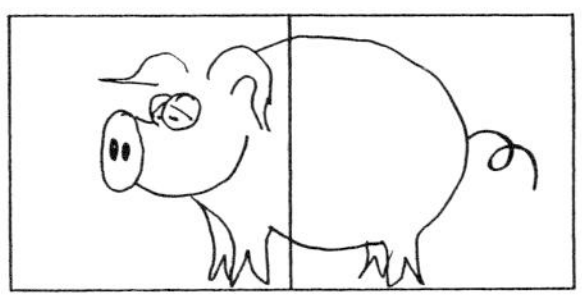

7. Esel

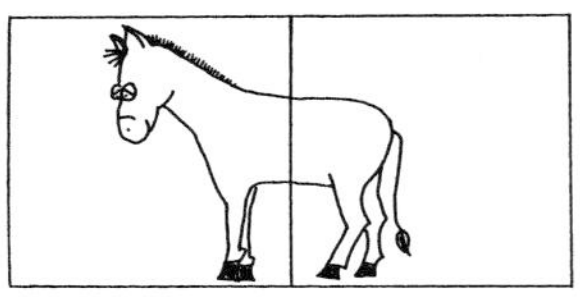

8. Fledermaus

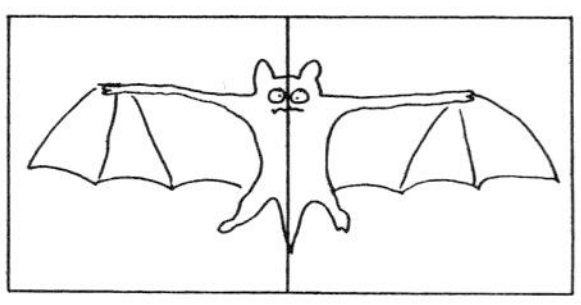

9. Frosch

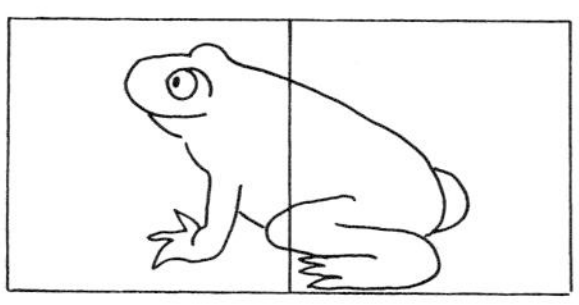

10. Hirsch

11. Kamel

12. Katze

13. Krokodil

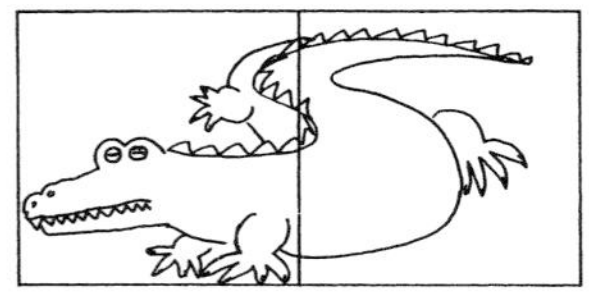

14. Löwe

15. Maus

16. Pferd

17. Schaf

18. Schimmel

19. Schlange

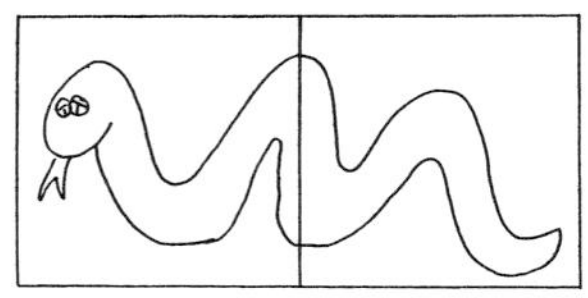

20. Schmetterling

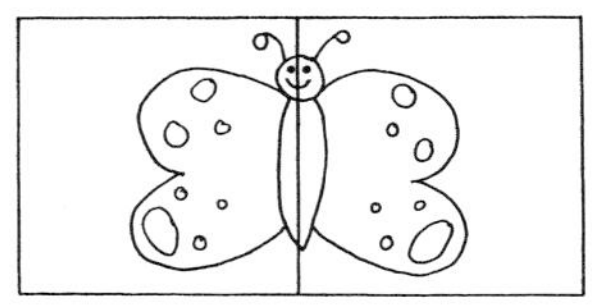

21. Tiger

22. Wildschwein

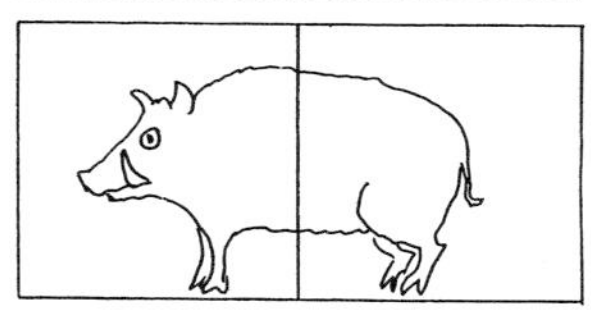

23. Zebra

24. Ziege

7. 30 Spiele zur entwicklungsorientierten Kommunikations- und Sprachförderung

1. Tierlotto 18
2. Tierdomino 19
3. Tiermemory 20
4. Tiernamen-Memory 21
5. Halbtier-Memory 22
6. Alle Tiere haben Namen! 23
7. So heißt mein Tier! 24
8. So sehen Tiere aus! 25
9. Ich sehe ein Tier! 26
10. Zeige mir ...! 27
11. Domino verdeckt! 28
12. Gedächtnislotto 29
13. Meine Tiere sind ähnlich! 30
14. Das Tier passt, weil ...! 31
15. Welches Tier gehört dazu? 32
16. Welches Tier beschreibe ich? . . . 33
17. So leben die Tiere! 34
18. Die Tiere passen zusammen, weil ...! 35
19. Ich lege das Tier, weil ...! 36
20. Ich suche ein halbes Tier! 37
21. Spaßtiere! 38
22. Richtig oder falsch? 39
23. Was Tiere tun! 40
24. Was Tiere miteinander tun! 41
25. Tiergeschichten! 42
26. Juxgeschichten mit Tieren! 43
27. Geschichten ohne Ende! 44
28. Kettengeschichten! 45
29. Kettengeschichten ohne Ende! . 46
30. Kettengeschichten mit einem Tier! 47

1. Tierlotto

Themenbereich: Tiere

Aufgabe/Fragestellung/Zielsetzung:

Lege eine gleiche Abbildung auf deine Bildtafel!

Anforderungen:	**optische Differenzierung, visuelle Wahrnehmung, Erkennen und Zuordnen gleicher Abbildungen**
Semantik:	
Lexik:	
Syntax:	
Spielart:	Lotto
Anzahl der Spieler:	2–4 Spieler
Spieldauer:	10–15 Minuten
Material:	4 Lottotafeln mit den entsprechenden 36 Lottokarten

Spielvorbereitung:

Jeder Spieler erhält eine Lottotafel. Die Lottokarten werden verdeckt gemischt und ausgelegt.

Spieldurchführung:

Der jüngste Mitspieler beginnt. Er deckt eine Karte auf und vergleicht diese mit den Abbildungen auf seiner Tafel. Erkennt er die Abbildung auf seiner Tafel wieder, wird diese mit der Karte abgedeckt. Ist die Abbildung nicht vorhanden, erhält der Spieler, der die Abbildung auf seiner Tafel gefunden hat, die Karte. Der folgende Spieler deckt die nächste Karte auf.

Spielende:

Das Spiel ist beendet, wenn
a) alle Felder einer Lottotafel belegt sind.
b) alle Tafeln belegt sind.

Spielvariation:

Ist die Abbildung auf der Tafel des ziehenden Spielers nicht vorhanden, wird die Karte verdeckt in den Stapel zurückgelegt.

2. Tierdomino

Themenbereich: Tiere

Aufgabe/Fragestellung/Zielsetzung:

Lege eine gleiche Abbildung an eines der beiden Dominoenden!

Anforderungen:	**optische Differenzierung, visuelle Wahrnehmung, Erkennen und Zuordnen gleicher Abbildungen**
Semantik:	
Lexik:	
Syntax:	
Spielart:	Domino
Anzahl der Spieler:	2–4 Spieler
Spieldauer:	10–15 Minuten
Material:	36 Dominokarten

Spielvorbereitung:

Die Dominokarten werden verdeckt gemischt und ausgelegt. Jeder Spieler zieht 3 Karten. Die restlichen Karten werden als verdeckter Stapel in die Tischmitte gelegt.

Spieldurchführung:

Der Startspieler legt eine seiner Dominokarten offen auf den Tisch. Der nächste Spieler legt eine Karte mit identischer Abbildung links oder rechts an die ausliegende Karte an. Kann ein Spieler keine passende Karte anlegen, muss er eine Karte vom Stapel ziehen. Passt diese, darf er sie sofort anlegen. Passt diese nicht, behält er sie und der nächste Spieler kommt an die Reihe.

Spielende:

Das Spiel ist beendet, wenn

a) ein Spieler alle seine Dominokarten angelegt hat.
b) alle Karten angelegt sind.
c) kein Spieler mehr eine Karte anlegen kann. Gewinner ist derjenige, der bei Spielende die wenigsten Karten hat.

Spielvariation:

Die Anzahl der Dominokarten wird durch Herausnahme von Karten mit fortlaufender Nummer (vgl. S. 15) verringert.

3. Tiermemory

Themenbereich: Tiere

Aufgabe/Fragestellung/Zielsetzung:

Suche zwei gleiche Abbildungen!

Anforderungen:	**optische Differenzierung, visuelle Wahrnehmung, Erkennen und Zuordnen gleicher Abbildungen, Raum-Lage-Gedächtnis, Konzentration**
Semantik:	
Lexik:	
Syntax:	
Spielart:	Memory
Anzahl der Spieler:	2–4 Spieler
Spieldauer:	10–15 Minuten
Material:	24 Memorykarten

Spielvorbereitung:

Die Karten werden verdeckt gemischt und in 4er-Reihen zu einem Rechteck gelegt.

Spieldurchführung:

Ein Spieler deckt zwei Karten auf. Sind beide Abbildungen gleich, behält er das Paar und darf noch einmal 2 Karten aufdecken usw. Sind die Abbildungen auf den Karten verschieden, werden sie verdeckt an die gleiche Stelle zurückgelegt. Der linke Spielnachbar ist an der Reihe.

Spielende:

Das Spiel ist beendet, wenn das letzte Bildpaar aufgedeckt wurde. Sieger ist derjenige, der die meisten Kartenpaare gefunden hat.

Spielvariation:

Der Startspieler deckt nacheinander zwei Karten auf. Sind beide Abbildungen gleich, erhält er das Paar und deckt noch einmal nacheinander zwei Karten auf. Sind die Karten verschieden, so wird die zweite Karte wieder umgedreht, die erste Karte bleibt offen liegen. Der nächste Spieler ist an der Reihe. Er deckt eine erste Karte auf. Passt diese zu einer bereits offen auf dem Tisch liegenden Karte, kann er sich diese als Pärchen nehmen und deckt wieder eine erste Karte auf. Entspricht die aufgedeckte Karte keiner der offen liegenden Karten, so dreht er eine zweite Karte um. Passt diese zu der zuerst aufgedeckten Karte, so erhält der Spieler das Pärchen und deckt wieder eine erste Karte auf. Passt die zweite aufgedeckte Karte zu einer bereits offen liegenden, nimmt er sich das Pärchen. Der nächste Spieler ist an der Reihe.

4. Tiernamen-Memory

Themenbereich: Tiere

Aufgabe/Fragestellung/Zielsetzung:

Wie heißen die Tiere?

Anforderungen:	**optische Differenzierung, Erkennen und Zuordnen gleicher Abbildungen, Raum-Lage-Gedächtnis, Konzentration, Wort-Bild-Zuordnung, Sprachproduktion, Abbildungen benennen**		
Semantik:	**Namen und Bezeichnungen von Tieren**		
Lexik:	**Oberbegriffe** Zootiere	**Begriffe** Zebra	**Namen** Zebo
Syntax:	**Subjekt** Das	**Prädikat** ist	**Objekt** ein Zebra.
Spielart:	Memory		
Anzahl der Spieler:	2–4 Spieler		
Spieldauer:	10–15 Minuten		
Material:	24 Memorykarten		

Spielvorbereitung:

Die Karten werden verdeckt gemischt und in 4er-Reihen zu einem Rechteck gelegt.

Spieldurchführung:

Der erste Spieler deckt nacheinander zwei Karten auf und nennt jeweils den Namen der Tiere. Sind beide Karten gleich, behält er das Paar. Der Spieler deckt nochmals nacheinander zwei Karten auf und benennt die Tiere. Sind die Abbildungen verschieden, werden die Karten wieder umgedreht und der nächste Spieler ist an der Reihe.

Spielende:

Das Spiel ist beendet, wenn das letzte Bildpaar aufgedeckt wurde.

Spielvariation:

Der Startspieler deckt nacheinander zwei Karten auf und nennt jeweils den Namen der abgebildeten Tiere. Sind beide Abbildungen gleich, erhält er das Paar und deckt noch einmal nacheinander zwei Karten auf. Sind die Karten verschieden, so wird die zweite Karte wieder umgedreht, die erste Karte bleibt offen liegen. Der nächste Spieler ist an der Reihe. Er deckt wieder eine erste Karte auf und benennt das abgebildete Tier. Passt die Karte zu einer bereits offen auf dem Tisch liegenden Karte, kann er sich diese als Pärchen nehmen. Entspricht die aufgedeckte Karte keiner der offen liegenden Karten, so dreht er eine zweite Karte um. Passt diese zu der zuerst aufgedeckten Karte, so erhält der Spieler das Pärchen und deckt wieder eine erste Karte auf. Passt die zweite aufgedeckte Karte zu einer bereits offen liegenden, nimmt er sich das Pärchen. Der nächste Spieler ist an der Reihe.

5. Halbtier-Memory

Themenbereich: Tiere

Aufgabe/Fragestellung/Zielsetzung:

Suche Halbtier-Memorykarten und lege sie zu vollständigen Tieren zusammen!

Anforderungen:	**optische Differenzierung, visuelle Wahrnehmung, Erkennen zusammengehöriger Abbildungen, Raum-Lage-Gedächtnis, Konzentration, Zuordnen von Tierhälften, Teil-Ganzes-Zuordnung**
Semantik:	
Lexik:	
Syntax:	
Spielart:	Memory
Anzahl der Spieler:	2–4 Spieler
Spieldauer:	10–15 Minuten
Material:	24 Halbtier-Memorykarten

Spielvorbereitung:

Die Karten werden verdeckt gemischt und ausgelegt.

Spieldurchführung:

Ein Spieler deckt zwei Karten auf. Lassen sich die beiden Hälften zu einem Tier zusammenfügen, behält er das Paar und deckt weitere zwei Karten auf usw. Hat der Spieler keine zusammengehörigen Karten gezogen, werden diese wieder verdeckt zurückgelegt. Der linke Spielnachbar ist an der Reihe.

Spielende:

Das Spiel ist beendet, wenn alle Tierhälften richtig zusammengefügt wurden. Sieger ist derjenige, der die meisten Kartenpaare gefunden hat.

Spielvariation:

Der Startspieler deckt nacheinander zwei Karten auf. Lassen sich die beiden Hälften zu einem Tier zusammenfügen, erhält er das Kartenpaar und deckt noch einmal nacheinander zwei Karten auf. Passen die beiden Tierhälften nicht zusammen, bleibt die erste der beiden Karten aufgedeckt liegen, die zweite Karte wird wieder umgedreht. Der nächste Spieler deckt eine erste Karte auf. Passt diese zu einer bereits offen auf dem Tisch liegenden Karte, kann er sich diese nehmen und zu einem vollständigen Tier zusammenfügen. Er deckt noch einmal eine Karte auf. Passt sie nicht zu einer schon offen liegenden Karte, so deckt er eine zweite Karte auf. Passt diese zu einer bereits offen liegenden Karte, nimmt er diese und legt sie zu einem vollständigen Tier zusammen. Der nächste Spieler ist an der Reihe.

6. Alle Tiere haben Namen!

Themenbereich: Tiere benennen

Aufgabe/Fragestellung/Zielsetzung:

Wer kennt dieses Tier? Wie heißt dieses Tier?

Anforderungen:	**optische Differenzierung, Erkennen und Zuordnen gleicher Abbildungen, Bild-Wort-Zuordnung, Sprachproduktion, Abbildungen benennen**		
Semantik:	**Bezeichnungen von Tieren**		
Lexik:	**Oberbegriff** Rind	**Begriff** Kuh	**Namen** Loni, Muh
Syntax:	**Subjekt** Mein Tier	**Prädikat** ist	**Objekt** eine Kuh.
Spielart:	Lotto		
Anzahl der Spieler:	2–4 Spieler		
Spieldauer:	10–15 Minuten		
Material:	4 Lottotafeln mit den entsprechenden 36 Lottokarten		

Spielvorbereitung:

Jeder Spieler erhält eine Lottotafel. Die Lottokarten werden verdeckt gemischt und ausgelegt.

Spieldurchführung:

Ein Spieler deckt eine Karte auf, zeigt sie den Mitspielern und fragt: *Wer kennt dieses Tier?* Die Mitspieler vergleichen das auf den Karten dargestellte Tier mit den Abbildungen auf ihrer Tafel. Der Spieler, auf dessen Tafel das Tier abgebildet ist, zeigt es den anderen und benennt es. Er bekommt die Karte, und der nächste Spieler deckt eine neue Karte auf. Kennt ein Spieler den Namen eines Tieres nicht, so nennen die anderen Spieler den Namen, die Karte wird dann zurück in den Stapel gelegt.

Spielende:

Das Spiel ist beendet, wenn
a) alle Felder einer Lottotafel bedeckt sind.
b) alle Tafeln belegt sind.

Spielvariation:

Kann ein Spieler das richtige Tier auf seiner Tafel zeigen, kann aber den Namen des Tieres nicht benennen, nennt ein Mitspieler den Namen. Wenn der Spieler den Namen dreimal nachgesprochen hat, kann er die Karte auf seine Bildtafel legen.

7. So heißt mein Tier!

Themenbereich: Namen von Tieren

Aufgabe/Fragestellung/Zielsetzung:

Wer sieht mein Tier? Zeige mir den/die ...!

Anforderungen:	**Kognition: vorstellende Handlung, inneres Bild eines Gegenstandes, Sprachverständnis, Wortgedächtnis, Sprachproduktion, Abbildungen benennen**			
Semantik:	**Namen und Bezeichnungen von Tieren**			
Lexik:	**Artikel** der/die/das	**Oberbegriff** Nagetier	**Begriff** Maus	**Namen** Mausi
Syntax:	**Aussagesatz:** **Subjekt** Das Tier	**Prädikat** ist	**Objekt** eine Maus.	
Spielart:	Lotto			
Anzahl der Spieler:	2–4 Spieler			
Spieldauer:	10–15 Minuten			
Material:	4 Lottotafeln mit den entsprechenden 36 Lottokarten			

Spielvorbereitung:

Jeder Spieler erhält eine Lottotafel. Die Lottokarten werden verdeckt gemischt und ausgelegt.

Spieldurchführung:

Ein Spieler zieht eine Karte, ohne sie den Mitspielern zu zeigen. Er benennt das Tier; die Mitspieler suchen die Abbildung des Tieres auf ihrer Tafel. Der Spieler, der die entsprechende Abbildung auf seiner Tafel gefunden hat, bekommt die Karte. Der nächste Spieler zieht eine neue Karte.

Spielende:

Das Spiel ist beendet, wenn
a) alle Felder einer Lottotafel bedeckt sind.
b) alle Tafeln belegt sind.

8. So sehen Tiere aus!

Themenbereich: Tiere beschreiben

Aufgabe/Fragestellung/Zielsetzung:

Wer hat dieses Tier? Wie sieht das Tier aus?

Anforderungen:	**Sprachproduktion, Formulieren von Fragen, Benennen sichtbarer Eigenschaften und Merkmale von Tieren**		
Semantik:	**Körperteile und sichtbare Eigenschaften von Tieren**		
Lexik:	**Nomen** Frosch	**Adjektive** grün	
Syntax:	**Aussagesatz:**		
	Subjekt Der Frosch	**Prädikat** ist	**Adverb** grün.
	Fragesatz:		
	Fragepronomen Wer	**Prädikat** hat	**Objekt** den Frosch?
Spielart:	Lotto		
Anzahl der Spieler:	2–4 Spieler		
Spieldauer:	10–15 Minuten		
Material:	4 Lottotafeln mit den entsprechenden 36 Lottokarten		

Spielvorbereitung:

Jeder Spieler erhält eine Lottotafel. Die Lottokarten werden verdeckt gemischt und ausgelegt.

Spieldurchführung:

Der älteste Spieler deckt eine Karte auf und fragt: *Wer hat eine/einen …? Wie sieht dieses Tier aus?* Sieht ein Spieler das entsprechende Tier auf seiner Lottotafel, nennt er eine sichtbare Eigenschaft als Einzelwort oder im ganzen Satz. Handelt es sich um eine zutreffende Aussage, bekommt der Spieler die Karte und legt diese auf seine Tafel. Nun ist er an der Reihe, zieht eine Karte und stellt die geforderten Fragen.

Spielende:

Das Spiel ist beendet, wenn
a) alle Felder einer Lottotafel bedeckt sind.
b) alle Tafeln belegt sind.

Spielvariationen:

a) Ist das Bild auf der Tafel gefunden und zugeordnet, zieht der linke Nachbar des Fragenden die nächste Karte.
b) Gruppenspiel: Alle Tafeln liegen nebeneinander. Alle Spieler suchen das entsprechende Bild auf den Tafeln. Derjenige, der es zuerst gesehen hat, zeigt es und nennt eine sichtbare Eigenschaft.
c) Mehrere Eigenschaften werden mit einem Wort oder einem Satz benannt.

9. Ich sehe ein Tier!

Themenbereich: Tiere beschreiben

Aufgabe/Fragestellung/Zielsetzung:

Wer sieht dieses Tier? Mein Tier ist/hat …

Anforderungen:	**Sprachproduktion, Benennen sichtbarer Eigenschaften und Merkmale eines Tieres**			
Semantik:	**Körperteile und sichtbare Eigenschaften**			
Lexik:	**Nomen**	**Adjektive**		
	Tier, Hase	braun, lang, rund		
Syntax:	**Aussagesatz: (Subjekt-Verb-Kongruenz)**			
	Subjekt	**Prädikat**	**Objekt**	**adv. Best.**
	Mein Tier	hat	lange Ohren.	
	Es	hat	ein weiches Fell.	
	Es	hockt		auf dem Boden.
Spielart:	Lotto			
Anzahl der Spieler:	2–4 Spieler			
Spieldauer:	10–15 Minuten			
Material:	4 Lottotafeln mit den entsprechenden 36 Lottokarten			

Spielvorbereitung:

Jeder Spieler erhält eine Lottotafel. Die Lottokarten werden verdeckt gemischt und ausgelegt.

Spieldurchführung:

Ein Spieler zieht eine Karte und hält sie vor den Mitspielern verdeckt. Er beschreibt das abgebildete Tier, ohne es zu benennen. Derjenige, der das Tier erkennt, auf seiner Tafel zeigen und benennen kann, bekommt die Karte. Der linke Spielnachbar zieht die nächste Karte und beschreibt sie.

Spielende:

Das Spiel ist beendet, wenn
a) alle Felder einer Lottotafel bedeckt sind.
b) alle Tafeln belegt sind.

Spielvariationen:

Die Tafeln liegen für alle gut sichtbar in der Tischmitte. Derjenige, der ein Tier aufgrund der verbalen Beschreibung erkennt, zeigen und benennen kann, bekommt die Karte. Er zieht eine neue Karte.

Das Spiel ist beendet
a) wenn ein Spieler 3 (5) Karten gesammelt hat.
b) wenn alle Abbildungen beschrieben sind.

10. Zeige mir ...!

Themenbereich: Namen von Tieren

Aufgabe/Fragestellung/Zielsetzung:

Zeige mir eine Karte mit dem/der ...!

Anforderungen:	**Sprachproduktion, Aufforderungssätze, Zuordnen von Abbildung und Begriff, Raum-Lage-Gedächtnis, Konzentration**	
Semantik:	**Namen von Tieren, Fragewörter**	
Lexik:	**Nomen, Artikel**	
Syntax:	**Aufforderungssatz:** Zeige mir ...!	**Fragesatz:** Wo ist ...?
Spielart:	Lotto	
Anzahl der Spieler:	2–4 Spieler	
Spieldauer:	10–15 Minuten	
Material:	1–2 Lottotafeln und die entsprechenden 9 bzw. 18 Lottokarten, Spielpunkte	

Spielvorbereitung:

Die Lottotafeln werden in die Mitte des Tisches gelegt. Die entsprechenden Lottokarten werden verdeckt gemischt und rund um die Tafeln ausgebreitet.

Spieldurchführung:

Ein Spieler fordert seinen linken Mitspieler auf: *Zeige mir eine/n ...* Der Mitspieler deckt eine Karte auf. Entspricht die Abbildung der sprachlichen Aufforderung, legt er diese auf die Lottotafel und bekommt einen Spielpunkt. Entspricht die gezogene Lottokarte nicht der mündlichen Aufforderung, wird sie verdeckt an dieselbe Stelle zurückgelegt und der nächste Spieler ist an der Reihe. Wird die Zielkarte beim vierten Versuch nicht aufgedeckt, wird eine neue Aufforderung vom nächsten Spieler formuliert.

Spielende:

Das Spiel ist beendet, wenn
a) ein Spieler 3 Spielpunkte erreicht hat.
b) alle Felder der Lottotafeln bedeckt sind.

Spielvariation:

Die Lottokarten werden offen in der Tischmitte ausgelegt. Alle Mitspieler dürfen sich diese eine Minute lang anschauen und sich die abgebildeten Tiere einprägen. Die Lottokarten werden umgedreht und die Lottotafeln offen daneben gelegt.

Ein Spieler fordert seinen linken Mitspieler auf: *Zeige mir eine/n ...* Der Mitspieler dreht eine Lottokarte um. Entspricht die Abbildung der sprachlichen Aufforderung des Mitspielers, wird die Karte auf die Lottotafel gelegt und der Spieler erhält einen Spielpunkt. Entspricht die Karte nicht der Aufforderung, wird sie verdeckt zurückgelegt. Der Spieler, der gezogen hat, fordert nun seinen linken Mitspieler auf, eine bestimmte Lottokarte aufzudecken usw.

11. Domino verdeckt!

Themenbereich: Tiere

Aufgabe/Fragestellung/Zielsetzung:

Zeige mir eine/einen ...!

Anforderungen:	**Sprachproduktion, Aufforderungssätze, Satzverständnis, Umsetzen von Handlungsaufforderungen, Zuordnen von Wort und Bild, Raum-Lage-Gedächtnis**	
Semantik:	**Namen von Tieren, Fragewörter**	
Lexik:	**Nomen, Artikel**	
Syntax:	**Aufforderungssatz:** Zeige mir der/die/das ...! Suche eine/n ...	**Fragesatz:** Wo ist der/die/das ...?
Spielart:	Domino	
Anzahl der Spieler:	2–4 Spieler	
Spieldauer:	5–10 Minuten	
Material:	12–36 Dominokarten	

Spielvorbereitung:

Die Dominokarten werden verdeckt gemischt und in der Tischmitte ausgelegt.

Spieldurchführung:

Ein Spieler fordert seinen Mitspieler auf: *Zeige mir den/die/das ...* oder fragt: *Wo ist der ...?* Der linke Mitspieler deckt eine Karte auf. Entspricht eine der beiden Abbildungen auf der Dominokarte der sprachlichen Aufforderung, behält er die Karte. Er fordert den nächsten Spieler verbal auf, eine Dominokarte mit einem bestimmten Tier aufzudecken. Der angesprochene Spieler deckt eine Dominokarte auf und vergleicht die Abbildung mit der sprachlichen Aufforderung. Entspricht sie dieser, behält er die Karte und formuliert einen neuen Wunsch. Entsprechen die Abbildungen nicht dem formulierten Wunsch, wird die Karte wieder zurückgelegt. Der nächste Spieler ist an der Reihe und versucht die gewünschte Abbildung aufzudecken. Wird die geforderte Abbildung beim vierten Versuch nicht gefunden, nennt der nächste Spieler eine neue Zielabbildung.

Spielende:

Das Spiel ist beendet, wenn alle Karten aufgenommen wurden.

Spielvariation:

Ein Spieler fordert seinen Mitspieler auf: *Zeige mir den/die/das ...* Der Mitspieler dreht eine Karte um. Entspricht eine der beiden Abbildungen der sprachlichen Aufforderung, legt er diese aufgedeckt in die Tischmitte. Er wählt eine der Abbildungen aus und sagt dem nächsten Spieler, an welche Abbildung (links oder rechts) angelegt werden soll. Er formuliert die entsprechende Aufforderung.

12. Gedächtnislotto

Themenbereich: Tiere

Aufgabe/Fragestellung/Zielsetzung:

Welche Tiere sind auf deiner Lottotafel abgebildet?

Anforderungen:	**Konzentration, Gedächtnis, Erinnern und Zuordnen von Abbildungen und Begriffen**
Semantik:	**Namen von Tieren**
Lexik:	**Nomen, Präpositionen**
Syntax:	**Aussagesatz:** Die Fliege ist auf meiner Tafel. **Fragesatz:** Auf welcher Tafel ist das Reh?
Spielart:	Lotto
Anzahl der Spieler:	2–4 Spieler
Spieldauer:	10–15 Minuten
Material:	4 Lottotafeln mit den entsprechenden 36 Lottokarten

Spielvorbereitung:

Jeder Spieler erhält eine Lottotafel. Die Lottokarten werden verdeckt gemischt und ausgelegt.

Spieldurchführung:

Die Mitspieler schauen sich eine Minute lang ihre Lottotafeln an, um sich die Abbildungen, die darauf zu sehen sind, genau einzuprägen. Dann werden die Lottotafeln mit der Bildseite nach unten auf den Tisch gelegt.
Der erste Spieler nimmt eine Lottokarte auf und benennt das abgebildete Tier. Erinnert sich ein Mitspieler, dass diese Abbildung zu seiner Tafel gehört, sagt er dieses und bekommt die Karte. Meinen mehrere Mitspieler, dass die aufgedeckte Abbildung zu ihrer Lottotafel gehört, wird die Karte zur Seite gelegt. Meldet sich niemand für die Karte, wird diese aus dem Spiel genommen und die Zuordnung nach dem Spielende geklärt.

Spielende:

Das Spiel ist beendet, wenn alle Lottokarten aufgenommen wurden. Jeder vergleicht seine gesammelten Karten mit den Abbildungen auf seiner Lottotafel. Gewonnen hat der Spieler, der sich a) an die meisten Lottokarten richtig erinnern konnte und b) die wenigsten falschen, nicht zu seiner Tafel gehörenden Karten aufgenommen hat.

13. Meine Tiere sind ähnlich!

Themenbereich: Tiere vergleichen

Aufgabe/Fragestellung/Zielsetzung:
Was ist bei deinen Tieren gleich?

Anforderungen:	**Kognition, Erkennen und Versprachlichen gleicher sichtbarer bzw. bekannter Eigenschaften und Merkmale verschiedener Tiere, Sprachproduktion, Formulieren von Aussagesätzen**			
Semantik:	**Eigenschaften und Merkmale von Tieren**			
Lexik:	**Artikel**	**Nomen**	**Verben**	**Adjektive**
Syntax:	**Aussagesatz: (Subjekt-Verb-Kongruenz)**			
	Subjekt (Reihung)	**Prädikat**	**Objekt**	
	Das Kamel und der Hund	haben	vier Beine.	
	Der Frosch und der Schwan	leben	am Wasser.	
Spielart:	Memory			
Anzahl der Spieler:	2–4 Spieler			
Spieldauer:	10–15 Minuten			
Material:	24 Memorykarten			

Spielvorbereitung:
Die Memorykarten werden verdeckt gemischt und ausgelegt.

Spieldurchführung:
Ein Spieler deckt zwei Karten auf. Kann er gemeinsame sichtbare oder nicht sichtbare Eigenschaften oder Merkmale der abgebildeten Tiere erkennen und benennen, so erhält er das Kartenpaar und deckt zwei weitere Karten auf. Kann er keine gemeinsamen Merkmale nennen, werden die Karten wieder verdeckt zurückgelegt und der nächste Spieler ist an der Reihe.

Spielende:
Das Spiel ist beendet, wenn
a) zu allen aufgedeckten Karten gemeinsame Merkmale benannt worden sind.
b) wenn ein Spieler 4 Kartenpaare hat.

14. Das Tier passt, weil …!

Themenbereich: Tiere vergleichen

Aufgabe/Fragestellung/Zielsetzung:
Lege ein Tier mit gleicher Eigenschaft an!

Anforderungen:	**Kognition: Erkennen und Benennen gleicher Merkmale und Eigenschaften verschiedener Tiere, Sprachproduktion, Formulieren von Haupt- und Nebensätzen (Kausalsätzen)**
Semantik:	**Merkmale und Eigenschaften von Tieren**
Lexik:	**alle Wortarten, Konjunktion:** weil
Syntax:	**Satzgefüge:** **Hauptsatz und Nebensatz (Kausalsatz)** Der Hase passt zu dem Känguru, weil er auch ein braunes Fell hat.
Spielart:	Domino
Anzahl der Spieler:	2–4 Spieler
Spieldauer:	10–15 Minuten
Material:	Dominokarten

Spielvorbereitung:
Die Dominokarten werden verdeckt gemischt und ausgelegt. Eine Karte wird offen auf den Tisch gelegt. Alle anderen Dominokarten werden unter den Spielern verteilt.

Spieldurchführung:
Der erste Spieler legt eine beliebige, nicht identische Tierabbildung links oder rechts an die offen liegende Dominokarte an und nennt eine gemeinsame Eigenschaft der beiden nebeneinanderliegenden Tierabbildungen. Kann er kein Tier mit gemeinsamem Merkmal anlegen, kommt der nächste Spieler an die Reihe. Dieser Spieler legt eine Karte an die Dominokarte an und begründet seine Entscheidung, indem er gemeinsame Eigenschaften oder Merkmale beschreibt.

Spielende:
Das Spiel ist beendet, wenn
a) ein Spieler alle seine Dominokarten angelegt hat.
b) alle Karten angelegt sind.
c) kein Spieler mehr eine Karte anlegen kann.

Spielvariation:
Reihum wird von jedem Spieler eine Dominokarte aus dem Kartenstock gezogen und ein gemeinsames Merkmal genannt. Kann der Spieler ein gemeinsames Merkmal nennen, legt er die Dominokarte entsprechend an und erhält einen Spielpunkt. Kann kein gemeinsames Merkmal benannt werden, wird die Karte unter den Kartenstock gelegt. Das Spiel ist beendet, wenn ein Spieler 3 (5) Karten angelegt hat.

15. Welches Tier gehört dazu?

Themenbereich: Tiere klassifizieren

Aufgabe/Fragestellung/Zielsetzung:

Tiere haben gemeinsame Eigenschaften und Merkmale.
Bildet Gruppen!

Anforderungen:	**Kognition: Erkennen und Benennen gleicher Merkmale und Eigenschaften verschiedener Tiere, Sprachproduktion, Formulieren von Haupt- und Nebensätzen (Kausalsätzen)**
Semantik:	**Bereich Tiere**
Lexik:	**Oberbegriffe:** Vögel, Haustiere, Wildtiere, Wassertiere **Konjunktion:** weil
Syntax:	**Satzgefüge: Hauptsatz und Nebensatz (Kausalsatz)** Diese Tiere gehören zusammen, weil sie Federn haben. Die Ente gehört dazu, weil … Der Storch gehört dazu, weil …
Spielart:	Lotto
Anzahl der Spieler:	2–4 Spieler
Spieldauer:	10–15 Minuten
Material:	Leere Lottotafel, 36 Lottokarten Spielpunkte

Spielvorbereitung:

Die Lottokarten werden verdeckt gemischt und ausgelegt. Die Spieler vereinbaren eine Eigenschaft, nach der die Tierabbildungen auf der leeren Lottotafel in der Tischmitte einsortiert werden.

Spieldurchführung:

Der erste Spieler zieht eine Karte und entscheidet und begründet, ob auf das abgebildete Tier das gesuchte Merkmal zutrifft und der Zielkategorie entspricht. Je nach Entscheidung wird die Karte entsprechend auf der Lottotafel oder neben ihr abgelegt und der Spieler bekommt einen Spielpunkt für eine richtige Entscheidung.

Spielende:

Das Spiel ist beendet, wenn
a) alle Abbildungen der Lottotafel geordnet sind.
b) ein Spieler 7 Punkte hat.

Spielvariationen:

a) Es werden zwei Merkmale benannt, die berücksichtigt werden müssen.
b) Die Abbildungen werden nach sprachlichen Merkmalen und Kategorien sortiert:
z. B. alle Tiere, die mit einem bestimmten Laut beginnen; zweisilbige Tiernamen etc.

16. Welches Tier beschreibe ich?

Themenbereich: Tiere beschreiben, über Tiere erzählen

Aufgabe/Fragestellung/Zielsetzung:
Erzähle etwas über ein Tier deiner Wahl!

Anforderungen:	**themengebundene sprachliche Darstellung, Sprachproduktion, Formulieren von Aussagesätzen und Satzreihen**
Semantik:	**Lebensräume von Tieren, Ortsangaben** **Eigenschaften und Fähigkeiten von Tieren**
Lexik:	**alle Wortarten** **Handlungsverben:** laufen, fressen, fliegen, wohnen
Syntax:	**Satzreihen: (Subjekt-Verb-Kongruenz)** Das Tier ist klein. Es legt Eier. Es frisst Samen.
Spielart:	Ratespiel
Anzahl der Spieler:	2–4 Spieler
Spieldauer:	10–15 Minuten
Material:	12–16 Lottokarten und/oder Memorykarten

Spielvorbereitung:
Die Karten werden offen ausgelegt.

Spieldurchführung:
Ein Spieler wählt eine Abbildung, ohne sie aufzunehmen und beschreibt das Tier oder berichtet, was er über das Tier weiß. Derjenige Mitspieler, der das Tier zuerst errät, erhält die Karte. Der nächste Spieler ist an der Reihe und wählt eine Karte aus, ohne sie aufzunehmen und beschreibt das abgebildete Tier.

Spielende:
Das Spiel ist beendet, wenn
a) ein Spieler 3 (5) Tiere erraten hat.
b) alle Abbildungen beschrieben sind.

Spielvariation:
Derjenige Mitspieler, der das Tier erraten hat, darf ein nächstes Tier beschreiben.

17. So leben die Tiere!

Themenbereich: Merkmale, Fähigkeiten, Eigenschaften von Tieren

Aufgabe/Fragestellung/Zielsetzung:

Erzähle von einem Tier!

Anforderungen:	**Versprachlichung themengebundener Kenntnisse, Sprachproduktion, Formulieren von Aussagesätzen, Satzreihen**
Semantik:	**Lebensräume von Tieren, Ortsangaben** **Eigenschaften und Fähigkeiten von Tieren**
Lexik:	**alle Wortarten** **Handlungsverben:** leben, wohnen, bauen, fressen
Syntax:	**Satzreihen: (Subjekt-Verb-Kongruenz)** Das Schwein hat Borsten. Es lebt auf dem Bauernhof …
Spielart:	Ratespiel
Anzahl der Spieler:	2–4 Spieler
Spieldauer:	10–15 Minuten
Material:	12 oder mehr Lottokarten

Spielvorbereitung:

Die Karten werden verdeckt gemischt und ausgelegt.

Spieldurchführung:

Der älteste Spieler zieht verdeckt eine Karte und beschreibt sichtbare und nicht sichtbare Merkmale, Lebensbedingungen etc. des abgebildeten Tieres. Erkennt ein Mitspieler das Tier, benennt er es und erhält die Karte. Der linke Spielnachbar zieht die nächste Karte.

Spielende:

Das Spiel ist beendet, wenn
a) ein Spieler 3 (5) Tiere erraten hat.
b) alle Abbildungen beschrieben sind.

Spielvariation:

Tiere, die nicht erraten wurden, werden ausgesondert und am Ende des Spiels gemeinsam besprochen.
Derjenige Spieler, der das Tier erraten hat, darf die nächste Karte ziehen und das abgebildete Tier beschreiben.

18. Die Tiere passen zusammen, weil ...!

Themenbereich: Gemeinsame Eigenschaften und Merkmale von Tieren beschreiben

Aufgabe/Fragestellung/Zielsetzung:
Vergleiche verschiedene Tiere! Welche gemeinsamen Merkmale oder Eigenschaften haben sie?

Anforderungen:	**Strukturieren und Zuordnen von Kenntnissen, Vergleichen und Versprachlichen gemeinsamer Merkmale unterschiedlicher Tiere, Sprachproduktion, Formulieren von Haupt- und Nebensätzen (Kausalsätzen)**
Semantik:	**Lebensbereich Tiere, Merkmale und gleiche Eigenschaften von Tieren**
Lexik:	**alle Wortarten** **Konjunktion:** weil
Syntax:	**Satzgefüge: Hauptsatz und Nebensatz (Kausalsatz)** Das Eichhörnchen und der Igel passen zusammen, weil sie im Wald leben.
Spielart:	Memory
Anzahl der Spieler:	2–4 Spieler
Spieldauer:	15–20 Minuten
Material:	16–24 Memorykarten

Spielvorbereitung:
Die Memorykarten werden verdeckt gemischt und ausgelegt.

Spieldurchführung:
Der erste Spieler deckt zwei Karten auf und benennt oder erklärt ein gemeinsames Merkmal der aufgedeckten Tiere. Kann er ein gemeinsames Merkmal oder eine Eigenschaft benennen und in einem Satz formulieren, erhält er die Karten, gelingt es nicht, werden die Karten wieder zurückgelegt. Der nächste Spieler ist an der Reihe.

Spielende:
Das Spiel ist beendet, wenn ein Spieler 3 (5) Kartenpaare gesammelt hat.

Spielvariation:
Alle Karten werden offen ausgelegt. Der Spieler wählt selbst zwei verschiedene Tiere aus und nennt ein gemeinsames Merkmal.

19. Ich lege das Tier, weil ...!

Themenbereich: Tiere aufgrund allgemeiner Merkmale und Eigenschaften zuordnen

Aufgabe/Fragestellung/Zielsetzung:
Nenne nicht sichtbare gleiche Eigenschaften oder Merkmale von Tieren! Was weißt du von dem Tier?

Anforderungen:	**flexibler Umgang mit konkreten Kenntnissen, Versprachlichen gemeinsamer Eigenschaften und Merkmale unterschiedlicher Tiere, Sprachproduktion, Formulieren von Haupt- und Nebensätzen (Kausalsätze)**
Semantik:	**Lebensbereich Tiere, gleiche Merkmale und Eigenschaften**
Lexik:	**alle Wortarten** **Konjunktion:** weil
Syntax:	**Satzgefüge: Hauptsatz und Nebensatz (Kausalsatz)** Die Fliege und der Schmetterling passen zusammen, weil sie beide fliegen können.
Spielart:	Domino
Anzahl der Spieler:	2–4 Spieler
Spieldauer:	10–15 Minuten
Material:	13 oder mehr Dominokarten

Spielvorbereitung:
Die Dominokarten werden verdeckt gemischt und ausgelegt. Jeder Spieler erhält 3 Karten. Die restlichen Karten kommen als verdeckter Stapel in die Tischmitte. Eine Karte wird aufgedeckt.

Spieldurchführung:
Der erste Spieler benennt gemeinsame Eigenschaften oder Merkmale eines der auf der Dominokarte abgebildeten Tiere und eines anderen Tieres auf einer seiner Dominokarten, die er anlegen möchte. Er legt seine Karte an, verbalisiert die Gemeinsamkeiten und zieht eine neue Karte aus dem verdeckten Stapel. Danach ist der nächste Spieler an der Reihe. Findet ein Spieler keine gemeinsamen Merkmale, gibt er ein Pfand ab. Die Mitspieler suchen gemeinsame Merkmale und begründen die Reihung.

Spielende:
Das Spiel ist beendet, wenn
a) alle Karten angelegt sind.
b) kein Spieler mehr eine Karte anlegen kann.

Spielvariation:
Das jeweilige Pfand wird durch Nachahmen von Tierstimmen oder Verhaltensweisen von Tieren eingelöst.
Wenn ein Spieler keine seiner Karten begründet anlegen kann, muss er eine zusätzliche Karte vom Stapel ziehen. Kann er sie anlegen, darf er das sofort tun.

20. Ich suche ein halbes Tier!

Themenbereich: Tiere

Aufgabe/Fragestellung/Zielsetzung:

Frage nach Tierhälften und sammle vollständige Tiere!

Anforderungen:	**Kognition, Entwicklung von Fragestrategien, Sprachproduktion, Formulieren von Fragesätzen**
Semantik:	**Tiernamen, Eigenschaften und Merkmale von Tieren**
Lexik:	**Nomen**
Syntax:	**Fragesatz: (Subjekt-Verb-Inversion)** Hast du das Vorderteil von dem Fisch?
Spielart:	Duettkartenspiel
Anzahl der Spieler:	3–4 Spieler
Spieldauer:	15–20 Minuten
Material:	Halbtier-Memorykarten

Spielvorbereitung:

Die Karten werden gemischt und an die Spieler verteilt.

Spieldurchführung:

Ein Spieler fragt einen Mitspieler nach einer Karte mit dem Vorder- oder Hinterteil eines Tieres, dessen andere Hälfte auf einer seiner Karten abgebildet ist. Hat sein Mitspieler die erfragte Karte, erhält er diese und legt ein vollständiges Tier ab. Der Spieler erfragt eine weitere Karte. Hat der Mitspieler die Karte nicht, ist dieser an der Reihe.

Spielende:

Das Spiel ist beendet, wenn
a) ein Spieler 5 Tiere abgelegt hat.
b) alle Tierhälften zusammengefügt wurden.

Spielvariation:

Hat ein Mitspieler die erfragte Karte, darf der Fragende eine Karte von ihm ziehen. Hat er die erfragte Karte nicht, fragt er selbst den nächsten Mitspieler nach einer Karte.

21. Spaßtiere!

Themenbereich: Tiere

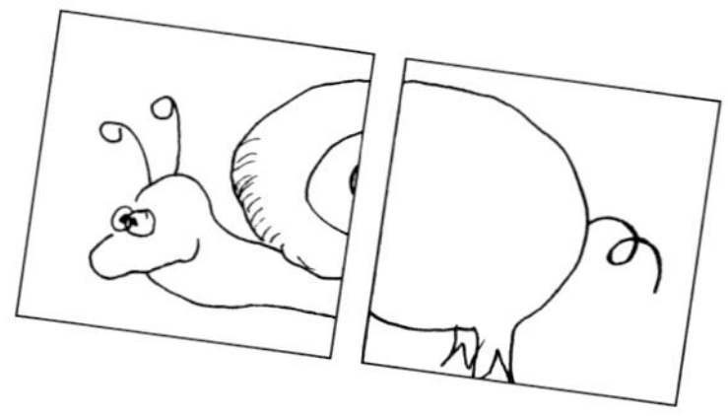

Aufgabe/Fragestellung/Zielsetzung:

Erfinde neue Tiere und gib ihnen einen Namen!

Anforderungen:	**Kognition, Wortneuschöpfungen, kreativer Sprachgebrauch**		
Semantik:	**Tiere, Fantasienamen, Tätigkeiten**		
Lexik:	**Zusammengesetzte Namen (Wortneuschöpfung):** Schnecke – Schwein – Schneckein – Schweinecke **Handlungsverben:** hüpfen, quieken, fressen		
Syntax:	**Satzerweiterung:** **Subjekt** Die Schweinecke	**Prädikat** hüpft	**adv. Best.** über den Bach.
Spielart:	Memory		
Anzahl der Spieler:	3–4 Spieler		
Spieldauer:	10–15 Minuten		
Material:	Halbtier-Memorykarten		

Spielvorbereitung:

Die Karten werden verdeckt gemischt und ausgelegt.

Spieldurchführung:

Ein Spieler deckt zwei Karten auf, benennt die Tierabbildungen, setzt diese zusammen und erfindet einen neuen Tiernamen. Er formuliert in einem kurzen Satz, was das neue Tier kann. Wichtig ist, dass der Satz grammatikalisch richtig formuliert wird.

Spielende:

Das Spiel ist beendet, wenn alle Karten aufgedeckt und zusammengesetzt sind.

22. Richtig oder falsch?

Themenbereich: Tiere

Aufgabe/Fragestellung/Zielsetzung:
Ist das Tier wirklich so?

Anforderungen:	**Unterscheidung von Sprachinhalt und Sprachform, Sprachproduktion, Formulieren inhaltlich sinnvoller oder unsinniger Aussagen mit grammatikalisch korrekter Form, Beurteilen der inhaltlichen Aussage, Beurteilen der sprachlichen Form**			
Anforderung:	**Kognition: Beurteilen von Aussageinhalten**			
Semantik:	**Bereich Tiere**			
Lexik:	**alle Wortarten**			
Syntax:	**Aussagesatz: (Subjekt-Verb-Kongruenz)**			
	Subjekt	**Prädikat**	**Objekt**	**adv. Best.**
	Die Schlange	lebt		im Eismeer.
	Die Schlange	hat	lange Ohren.	
Spielart:	Sprachspiel			
Anzahl der Spieler:	2–4 Spieler			
Spieldauer:	10–15 Minuten			
Material:	Lottokarten und/oder Memorykarten 20 rote und grüne Spielpunkte			

Spielvorbereitung:
Die Karten werden verdeckt gemischt und ausgelegt. Jeder Mitspieler bekommt einen roten und einen grünen Spielpunkt.

Spieldurchführung:
Ein Spieler deckt eine Karte auf und bildet einen sinnvollen oder unsinnigen Satz mit korrekter Grammatik. Die Mitspieler entscheiden, ob der Satz wahr oder falsch ist, indem sie einen grünen oder roten Stein in die Mitte schieben. Diejenigen Spieler, die den Satz richtig beurteilt haben, bekommen einen zusätzlichen Spielpunkt.

Spielende:
Das Spiel ist beendet, wenn
a) zu allen Karten ein Satz formuliert wurde.
b) ein Spieler 5 Spielpunkte gesammelt hat.

Spielvariation:
Die Kinder rufen *richtig* oder *falsch* und erhalten bei richtiger Beurteilung einen Spielpunkt.

23. Was Tiere tun!

Themenbereich: Tätigkeiten von Tieren

Aufgabe/Fragestellung/Zielsetzung:
Zeige und sage, was Tiere tun!

Anforderungen:	**Versprachlichen von Tätigkeiten, Sprachproduktion, Formulieren von Aussagesätzen und Satzreihen**			
Semantik:	**Bewegungen und Tätigkeiten von Tieren**			
Lexik:	**alle Wortarten, Handlungsverben**			
Syntax:	**Aussagesatz: (Subjekt-Verb-Kongruenz)**			
	Subjekt	**Prädikat**	**Objekt**	**adv. Best.**
	Der Vogel	fliegt		auf den Baum.
	Die Katze	frisst	Mäuse.	
Spielart:	Pantomime			
Anzahl der Spieler:	2–4 Spieler			
Spieldauer:	15–20 Minuten			
Material:	12 Lottokarten oder Memorykarten			

Spielvorbereitung:
Die Karten werden gemischt und offen ausgelegt.

Spieldurchführung:
Ein Spieler sucht sich eine Karte aus, ohne diese aufzunehmen, und imitiert eine mögliche Aktivität des abgebildeten Tieres. Der Mitspieler, der die Tätigkeit des Tieres errät und einen vollständigen Satz formuliert, darf eine nächste Karte wählen. Es gilt, möglichst vielfältige Tätigkeiten darzustellen.

Spielende:
Das Spiel ist beendet, wenn
a) alle Tiere dargestellt wurden.
b) jeder Spieler 3 Tiere dargestellt hat.

Spielvariation:
Eine Tätigkeit darf innerhalb eines Spieldurchganges nur einmal dargestellt werden.
Die dargestellte Aktivität und das entsprechende Tier müssen erraten werden.

24. Was Tiere miteinander tun!

Themenbereich: Tiere

Aufgabe/Fragestellung/Zielsetzung:

Erzähle, was Tiere miteinander tun können!

Anforderungen:	**Versprachlichen von Tätigkeiten von Tieren, Sprachproduktion, Formulieren von erweiterten Aussagesätzen, Satzreihen**			
Semantik:	**Tätigkeiten von Tieren**			
Lexik:	**alle Wortarten, Handlungsverben**			
Syntax:	**Aussagesatz, Satzreihen:**			
	Subjekt	**Prädikat**	**Objekt**	**adv. Best.**
	Der Seehund	schwimmt		zu der Scholle.
	Der Fisch	schwimmt		zu dem Seehund.
	Der Seehund	stubbst	die Scholle.	
Spielart:	Sprachspiel			
Anzahl der Spieler:	2–4 Spieler			
Spieldauer:	10–15 Minuten			
Material:	12 Lottokarten oder Memorykarten, Spielpunkte			

Spielvorbereitung:

Die Karten werden gemischt und offen ausgelegt.

Spieldurchführung:

Ein Spieler wählt zwei Karten und formuliert, was die Tiere tun können in einem möglichst langen, originellen und vollständigen korrekten Satz. Wurde er grammatikalisch richtig gebildet, erhält der Spieler einen Spielpunkt.

Spielende:

Das Spiel ist beendet, wenn alle Karten als Paare gezogen und mögliche Tätigkeiten versprachlicht sind.

25. Tiergeschichten!

Themenbereich: Geschichte mit Tieren erzählen

Aufgabe/Fragestellung/Zielsetzung:

Erzähle eine Geschichte mit diesem Tier!

Anforderungen:	**Versprachlichen von Ereignissen, Handlungsfolgen, Erzählen einer Geschichte, Formulieren von Aussagesätzen, Satzreihen, Satzgefügen, Bilden verschiedener Zeitformen, Perfekt mit Partizipbildung, Vergangenheitsform (Imperfekt)**
Semantik:	**Leben mit Tieren**
Lexik:	**alle Wortarten**
Syntax:	**Satzreihen, Satzgefüge** **Tempus: Perfekt** Ich habe einen Hamster gesehen …
Spielart:	Sprachspiel
Anzahl der Spieler:	2–4 Spieler
Spieldauer:	15 Minuten
Material:	12 Lottokarten oder Memorykarten, Spielpunkte

Spielvorbereitung:

Die Karten werden gemischt und offen ausgelegt.

Spieldurchführung:

Ein Schüler wählt eine Karte und erzählt eine Geschichte, in der das abgebildete Tier vorkommt. Werden die Sätze richtig gebildet, bekommt der Spieler pro Satz einen Spielpunkt (max. 3 Punkte). Dann ist der nächste Spieler an der Reihe.

Spielende:

Es werden 2–3 Runden gespielt.

Spielvariation:

Es dürfen/müssen auch Unsinngeschichten erzählt werden.

26. Juxgeschichten mit Tieren!

Themenbereich: Tiere

Aufgabe/Fragestellung/Zielsetzung:

Erzähle eine Geschichte mit zwei Tieren!

Anforderungen:	**Versprachlichen von Geschichten mit zwei Tieren, Formulieren von Aussagesätzen, Satzgefügen, Zeitform Gegenwart (Präsens) oder Vergangenheit (Imperfekt)**
Semantik:	**Eigenschaften, Merkmale, Tätigkeiten von Tieren**
Lexik:	**alle Wortarten**
Syntax:	**Satzreihen, Satzgefüge** **Tempus: Imperfekt** Der Elefant lief durch den Wald. Dort sah er einen Igel, der gerade über den Weg lief ...
Spielart:	Fantasiegeschichten
Anzahl der Spieler:	2–4 Spieler
Spieldauer:	10–20 Minuten
Material:	20 Lottokarten oder Memorykarten, Spielpunkte

Spielvorbereitung:

Die Karten werden verdeckt gemischt und ausgelegt.

Spieldurchführung:

Ein Spieler deckt zwei Karten auf und erzählt zu den abgebildeten Tieren eine möglichst lustige Geschichte. Für eine grammatikalisch richtig formulierte Geschichte (mindestens drei Sätze) bekommt er einen Spielpunkt. Dann ist der nächste Spieler an der Reihe.

Spielende:

Das Spiel ist beendet, wenn
a) ein Spieler drei Punkte erreicht hat.
b) alle Karten aufgedeckt sind.

Spielvariationen:

a) Die Karten werden offen ausgelegt. Die Spieler erzählen Geschichten zu zwei Tieren ihrer Wahl.
b) Es werden Geschichten zu den Abbildungen auf Dominokarten erzählt.

27. Geschichten ohne Ende!

Themenbereich: Tiere

Aufgabe/Fragestellung/Zielsetzung:
Erzähle eine Geschichte mit mehreren Tieren!

Anforderungen:	**Erzählen von Geschichten, in denen Tiere in einer bestimmten Reihenfolge vorkommen, Formulieren von Aussagesätzen, Satzreihen, Satzgefügen**
Semantik:	**Handlungen und Tätigkeiten von Menschen und Tieren**
Lexik:	**alle Wortarten**
Syntax:	**Satzreihen, Satzgefüge** **Tempus: Präsens, Perfekt, Imperfekt** Der Bär lief durch den Wald. Da kam ein kleiner Vogel geflogen und rief: „Ich habe am Bach ein Reh gesehen …"
Spielart:	Sprachspiel
Anzahl der Spieler:	2–4 Spieler
Spieldauer:	15–20 Minuten
Material:	20 Lottokarten und/oder Memorykarten

Spielvorbereitung:
Die Karten werden verdeckt gemischt und ausgelegt.

Spieldurchführung:
Ein Spieler deckt nacheinander bis zu fünf Karten auf und erzählt eine Tiergeschichte, in der die aufgedeckten Tiere vorkommen. Für jedes Tier, das er in eine fortlaufende Geschichte einfügen kann, erhält er einen Punkt.

Spielende:
Es werden je nach Vereinbarung 2–3 Runden gespielt.

Spielvariationen:
Die Karten werden offen ausgelegt.
a) Der Erzähler wählt 3–5 Karten aus und erzählt eine Geschichte.
b) Die Geschichte wird in einer anderen Zeitform (Imperfekt oder Futur) erzählt.
c) Ein Spieler deckt so lange Karten auf, wie er die abgebildeten Tiere in seine Geschichte einfügen kann.

28. Kettengeschichten!

Themenbereich: Tiere

Aufgabe/Fragestellung/Zielsetzung:
Erzähle eine Kettengeschichte mit ausgewählten Tieren!

Anforderungen:	**Fortsetzen einer Geschichte nach bestimmten Vorgaben, kreativer Sprachgebrauch, Formulieren von Aussagesätzen, Satzreihen, Satzgefügen**
Semantik:	**Handlungen und Tätigkeiten von Menschen und Tieren**
Lexik:	**alle Wortarten**
Syntax:	**Satzreihen, Satzgefüge** **Tempus: Präsens, Perfekt, Imperfekt**
Spielart:	Sprachspiel
Anzahl der Spieler:	2–4 Spieler
Spieldauer:	5–15 Minuten
Material:	Lottokarten und/oder Memorykarten

Spielvorbereitung:
Die Karten werden gemischt und offen ausgelegt.

Spieldurchführung:
Der erste Erzähler wählt eine Karte und beginnt, eine Tiergeschichte zu erzählen. Der zweite Spieler wählt eine weitere Karte aus und setzt die Geschichte unter Einbeziehung des zuvor gewählten Tieres fort usw.

Spielende:
Das Spiel ist beendet, wenn
a) alle Tierkarten in die Geschichte aufgenommen wurden.
b) die Geschichte nicht fortgesetzt werden kann.

Spielvariationen:
a) Die Geschichte wird in einer anderen Zeitform (Imperfekt oder Futur) erzählt.
b) Ein Spieler darf so lange erzählen, bis er einen grammatikalischen Fehler macht.

29. Kettengeschichten ohne Ende!

Themenbereich: Tiere

Aufgabe/Fragestellung/Zielsetzung:
Erzähle eine Kettengeschichte mit vorgegebenen Tieren!

Anforderungen:	**Versprachlichen von Fantasiegeschichten, kreativer Sprachgebrauch, Satzreihen, Satzgefüge**
Semantik:	**Merkmale und Tätigkeiten von Tieren**
Lexik:	**alle Wortarten**
Syntax:	**Satzreihen, Satzgefüge** **Tempuswechsel** Ein Affe spielte im Urwald mit seinen Affenfreunden. Da hatte ein Affe eine Idee. „Ich will kein Affe mehr sein. Ich bin ein Ziegenbock und kämpfe mit meinen Hörnern.“ „Ich bin ein Löwe …“
Spielart:	Sprachspiel
Anzahl der Spieler:	2–4 Spieler
Spieldauer:	15–20 Minuten
Material:	20 Lottokarten oder Memorykarten

Spielvorbereitung:
Die Karten werden gemischt und verdeckt auf einen Stapel gelegt.

Spieldurchführung:
Der erste Erzähler zieht eine Karte vom Stapel und beginnt eine Tiergeschichte zu erzählen (3–5 Sätze). Er signalisiert dem nächsten Spieler fortzufahren. Dieser nimmt eine neue Karte und führt die Geschichte fort usw.

Spielende:
Das Spiel ist beendet, wenn
a) eine zuvor bestimmte Anzahl von Tierabbildungen (2, 4 oder 6) aufgedeckt wurden.
b) alle abgebildeten Tiere in die Geschichte aufgenommen wurden und ein Ende der Geschichte formuliert wurde.

Spielvariation:
Die Geschichte muss in einer anderen Zeitform (Imperfekt oder Futur) erzählt werden.

30. Kettengeschichten mit einem Tier!

Themenbereich: Tiere

Aufgabe/Fragestellung/Zielsetzung:

Erzähle eine Kettengeschichte mit einem Tier!

Anforderungen:	**Versprachlichen realistischer und fantastischer Geschichten, Formulieren von Satzreihen, Satzgefügen**
Semantik:	**Tiere und Menschen, Handlungsabfolgen**
Lexik:	**alle Wortarten** **Temporalbestimmungen:** gestern, heute, zuerst, dann, danach
Syntax:	**Satzreihen, Satzgefüge** Gestern war das kleine Küken aus dem Ei geschlüpft. Es schüttelte sich und blinzelte in die Sonne. …
Spielart:	Sprachspiel
Anzahl der Spieler:	2–4 Spieler
Spieldauer:	5–15 Minuten
Material:	20 Lottokarten oder Memorykarten

Spielvorbereitung:

Die Karten werden verdeckt gemischt und ausgelegt.

Spieldurchführung:

Ein Spieler deckt eine Karte auf, die den Ausgangspunkt einer Geschichte bildet. Er beginnt mit einem Satz, den Anfang einer Geschichte mit dem abgebildeten Tier zu erzählen. Der nächste Spieler setzt die Geschichte mit einem weiteren Satz fort usw.

Spielende:

Das Spiel ist beendet, wenn
a) jeder Spieler eine Fortsetzung der Geschichte formuliert hat.
b) jeder Spieler eine zuvor festgelegte Anzahl von Fortsetzungen der Geschichte formuliert hat.
c) die Geschichte beendet ist.

Spielvariationen:

Jeder Spieler erzählt so viel, wie er möchte.
Die Kettengeschichte wird zeitlich begrenzt (1–3 Minuten).

Lottotafel 1

Lottotafel 1

zum Ausschneiden (Lottokarten)

Lottotafel 2

Lottotafel 2

zum Ausschneiden (Lottokarten)

Lottotafel 3

Lottotafel 3

zum Ausschneiden (Lottokarten)

Lottotafel 4

Lottotafel 4

zum Ausschneiden (Lottokarten)

Lottotafel 5

Lottotafel 5

zum Ausschneiden (Lottokarten)

Lottotafel 6

Lottotafel 6

zum Ausschneiden (Lottokarten)

Lottotafel 7

Lottotafel 7

zum Ausschneiden (Lottokarten)

Memorykarten 1 (a)

zum Ausschneiden

zum Ausschneiden

Memorykarten 1 (b)

zum Ausschneiden

Memorykarten 2 (a)

zum Ausschneiden

Memorykarten 2 (a)

zum Ausschneiden

Memorykarten 2 (b)
zum Ausschneiden

Memorykarten 2 (b)
zum Ausschneiden

Halbtier-Memorykarten 3

zum Ausschneiden

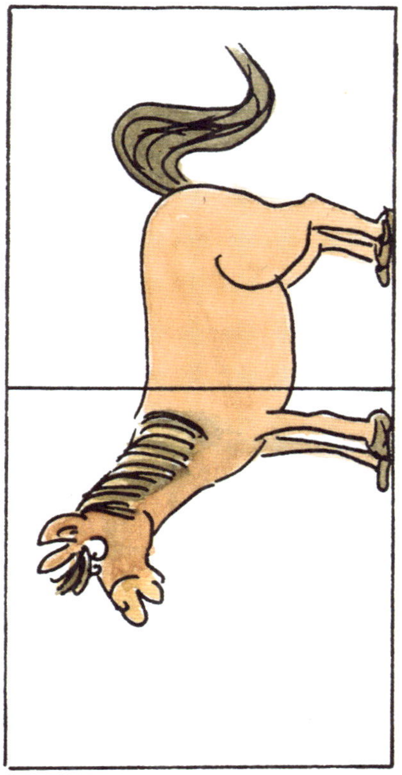

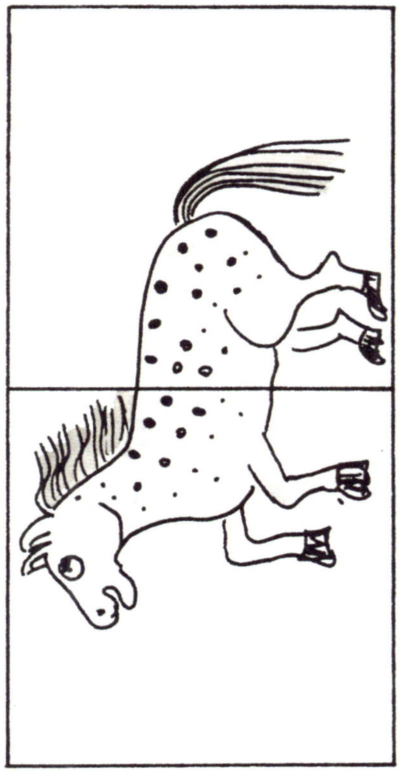

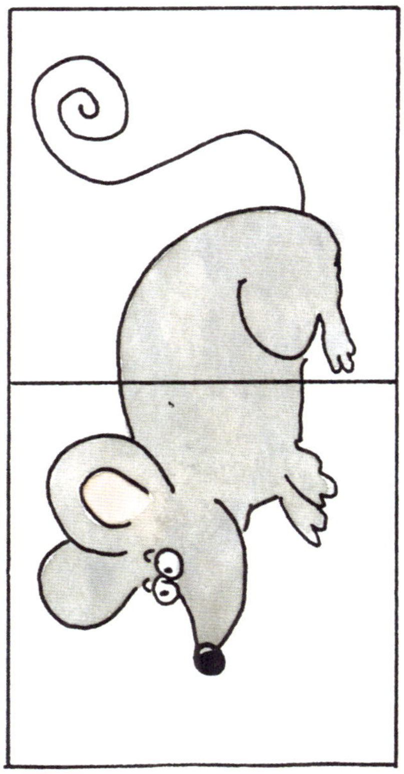

zum Ausschneiden

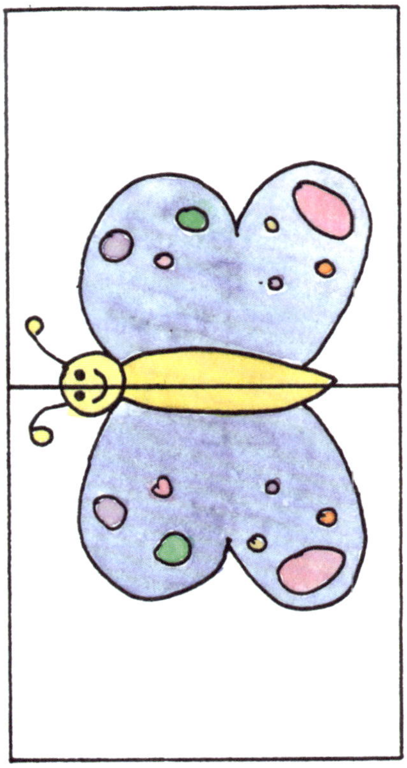

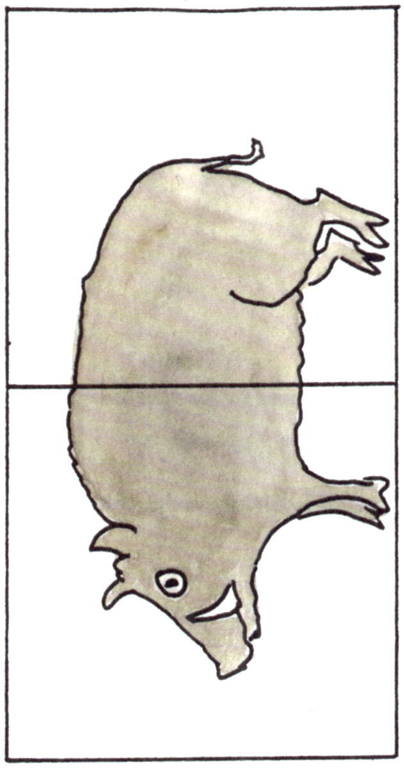

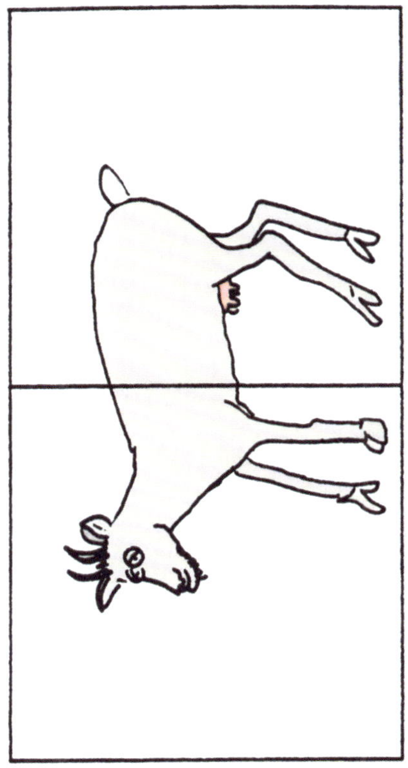

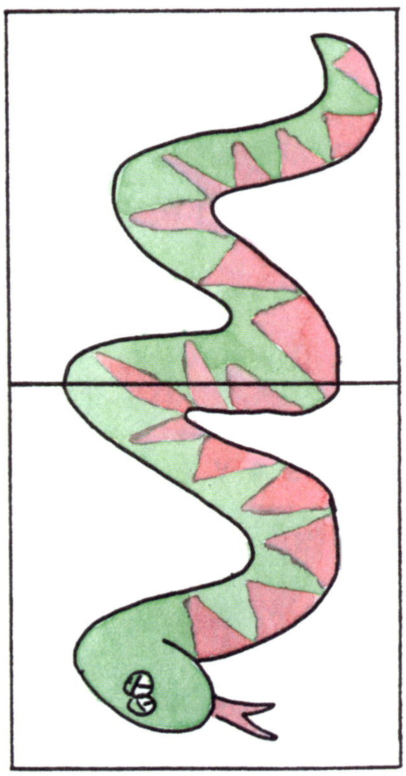

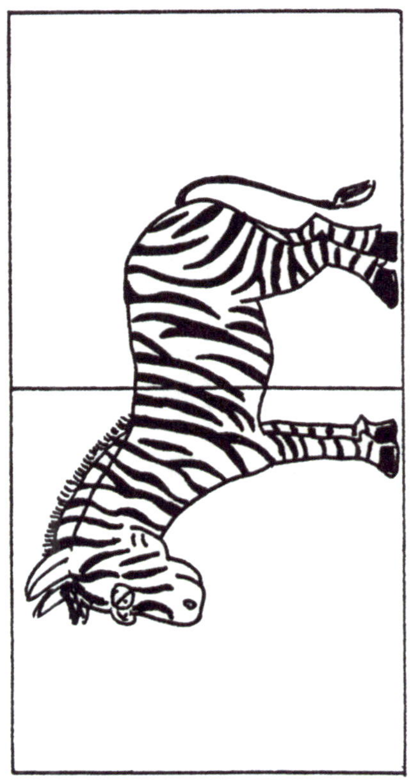

Sprachkompetenz gezielt fördern!

Ulrike Marx, Brigitte Schulz, Gabriele Steffen

Nina und Andi – Sprachkompetenz fördern

in Kindergarten, Vorschule und Schuleingangsklassen

Rund um das **Bilderbuch** „Nina und Andi" fördern Sie mit diesem Materialpaket systematisch und spielerisch die Sprachkompetenz (Wortschatz, Grammatik, Kommunikation) Ihrer Kinder mit – und auch ohne – Migrationshintergrund. In dem durchgehend farbig illustrierten Bilderbuch lernen die Kinder Alltagssituationen eines Mädchens und eines Jungen im Vorschulalter kennen. Die kurzen Texte liegen in Türkisch, Polnisch, Russisch u. a. bei.

Der **Begleitband** gibt Ihnen alle Basisinformationen zu Sprache und Sprachentwicklung, besonders für Kinder mit Migrationshintergrund. Die Diagnostikbögen ermöglichen Ihnen die Einschätzung der Sprachkompetenz Ihrer Kinder. Detaillierte Hinweise zu Didaktik und Methodik und konkrete Stundenbilder erleichtern Ihnen den Einsatz sämtlicher Materialien im Alltag.

In den **Kopiervorlagen** finden Sie Stabpuppen, Arbeitsblätter, Bild-Wort-Karten und Wörterlisten in verschiedenen Sprachen. Die Kinder erweitern spielerisch Wortschatz, Grammatik und Kommunikationsfähigkeit.

Das **Arbeitsheft** mit den 23 Szenen wird zum Bilderbuch jedes Kindes auch für zu Hause: Zum Erzählen, Kommunizieren, Vorlesen (auch in den Herkunftssprachen!) und zum Gestalten. Mit den vielfältigen Aufgabenstellungen können die Kinder ihre Sprachkompetenz systematisch erweitern.

Nina und Andi: Die systematische Sprachförderung für Kinder mit Migrationshintergrund!

Bilderbuch
24 Seiten, DIN A4 quer, farbig, gebunden
Vorschule, 1. Klasse
Best.-Nr. 3600

Begleitband für Erzieher/-innen und Lehrer/-innen
Buch, 98 Seiten, DIN A4
Vorschule, 1. Klasse
Best.-Nr. 3603

Kopiervorlagen
Buch, 72 Seiten, DIN A4
Vorschule, 1. Klasse
Best.-Nr. 3602

Arbeitsheft
Heft, 24 Seiten, DIN A4, quer
Vorschule, 1. Klasse
Best.-Nr. 3601

Klaus Kleinmann

Lese-Rechtschreib-Schwäche?

Das Basistraining – anschaulich und systematisch

Setzen Sie diese Übungseinheiten ein, wenn Sie lese- und rechtschreibschwache Schülerinnen und Schüler optimal fördern wollen. Bei den systematisch aufgebauten Übungseinheiten werden alle Sinne angesprochen. Schreiben steht im Zusammenhang mit intensiver sprachrhythmischer Arbeit, der Anwendung von Handzeichen, dem Bewusstmachen der Sprechmotorik und vielfältigen visuellen und taktilen Angeboten. Hervorragend einsetzbar ab Anfang des 2. Schuljahres und über die Grundschule hinaus.

LRS – so fördern Sie richtig!

Buch, 160 Seiten, DIN A4
Ab 2. Klasse
Best.-Nr. 3844

Lily Gleuwitz, Kersten Martin

Täglich 5 Minuten Sprachförderung

Anregungen für die Verbesserung der Sprachkompetenz

In **Band 1** zeigen die Autorinnen, wie Kinder mit kurzen spielerischen Übungen Spaß am Umgang mit der Sprache gewinnen können. So verbessern Sie das Sprachverständnis und erweitern den Wortschatz. Darüber hinaus festigen Sie mit dieser Unterrichtshilfe grammatische Strukturen, verbessern die Aussprache und die Wahrnehmung für Gesprochenes und trainieren das Gedächtnis.

Band 2 liefert Sprecheinheiten zu den Themen Jahreszeiten, Geburtstag, Feste, Tiere und Verkehr. Die Kinder sprechen einen Vers und zeichnen dabei mit. Dazu gibt es zu jedem Sprechzeichenvers die entsprechende bildliche Darstellung und Arbeitsblätter mit liebevollen grafischen Vorgaben zum Nach- und Weiterzeichnen.

Die ideale Ergänzung Ihres Unterrichts!

Band 1
Buch, 62 Seiten, DIN A4
1. und 2. Schuljahr
Best.-Nr. 3865

Band 2
Buch mit Kopiervorlagen, 80 Seiten, DIN A4
1. und 2. Schuljahr
Best.-Nr. 3791

Unser Bestellservice:

Das komplette Verlagsprogramm finden Sie in unserem Online-Shop unter

www.persen.de

Bei Fragen hilft Ihnen unser Kundenservice gerne weiter.

Deutschland: ✆ 0 41 61/7 49 60-40 · Schweiz: ✆ 052/366 53 54 · Österreich: ✆ 0 72 30/2 00 11